P9-EEH-223

EL FOLKLORE INFANTIL EN LA OBRA
DE FEDERICO GARCÍA LORCA.

Foto cedida por la Casa Museo de Federico García Lorca
de Fuente Vaqueros

TADEA FUENTES VÁZQUEZ

EL FOLKLORE INFANTIL EN LA OBRA DE FEDERICO GARCÍA LORCA

UNIVERSIDAD DE GRANADA

1990

EL FOLKLORE INFANTIL EN LA OBRA DE FEDERICO GARCÍA LORCA.
ISBN: 84-338-1252-1. Depósito legal: GR/1571-1990.
Edita e imprime: Servicio de Publicaciones de la Universidad de Granada. Campus Universitario de Cartuja. Granada.
Printed in Spain *Impreso en España*

A Mari Luz Escribano Pueo

PROLOGO

"En Abril de mi infancia yo cantaba"
F.G.L.

Todo acercamiento a la obra poética de Federico García Lorca debería tener en cuenta las palabras que él mismo dejó escritas cuando quiso darnos una definición, última y breve, de su poesía:

> Yo sólo te sé decir que odio el órgano, la lira y la flauta. Amo la voz humana. La sola voz humana empobrecida por el amor... La poesía es otro mundo. Hay que encerrarse con ella. Y allí dejar oír la voz divina y pobre, mientras cegamos el surtidor. (1)

Es la afirmación de un poeta que ha alcanzado una madurez lúcida cercana a la de la mística religiosa. Pero, ¿dónde encontró por vez primera esa "voz divina y pobre"? No cabe duda que esa desnudez lírica, esa voz delgada, ese puro estremecimiento fugaz, que él pretendía comenzó a vivirlo —más que aprenderlo— en su infancia y más concretamente en dos importantes fuentes: las canciones infantiles y la poesía popular tradicional.

Jorge Guillén, en su magnífico prólogo a las "Obras Completas" del poeta, ya nos hablaba de aquella "hondura de infancia" que nunca dejaría de estar en la más íntima raíz de la poesía de Lorca. "Lo primordial no es la niñez como tema sino como actitud. Federico guardaba una agilísima facultad de

1) GARCIA LORCA, Federico. *Obras Completas.* Ed. Aguilar, Madrid, 1966.

juego, procedente de aquel "abril propicio al canto". Esa mina del ayer infantil es un tesoro. Entre los dos o tres años y los seis o siete todos somos poetas... Pues Federico ha conservado ese don —que por completo no falta a nadie— más que nadie. Federico mostraba sin lugar a dudas, cómo la libertad, el desinterés, la pureza, la alegría de sus juegos, allá en su Edad de oro, favorecía la virtud creadora de su edad sin oro". (2)

En 1933, con motivo de un reportaje en el que se valora de manera especial la formación musical de la infancia de Lorca, el poeta dice de sí mismo: —"Yo sueño ahora lo que viví en mi niñez"— Y el periodista nos pinta un precioso cuadro de lo que fueron los primeros años de aquel niño:

> "Federico García Lorca ha jugado de niño en el corro de la plazuela de su rincón granadino. Ha saturado su espíritu con la música ingenua y sensitiva de los viejos romances llenos de candor. Los niños de 1905 de la plazuela granadina jugaban a "cantar romances", a "vestir cruces de mayo" y a representar viejos pasos de comedia que tenían una tradición antiquísima". (3)

Francisco García Lorca también afirmaría:

> "Federico ha dejado escrito el recuerdo de sus juegos infantiles... No trata de imitar al niño sino de sustituirse poéticamente en el alma del niño". (4)

De su conocimiento y gusto por la poesía tradicional nos habla Lorca en más de una ocasión, y es tema que no vamos a tratar en este trabajo sino en lo que pueda tener en común con el folklore infantil. Aludimos a él porque a veces van estrechamente unidos y son los niños los depositarios únicos de la que fue poesía y canción popular, patrimonio de todo el pueblo. Los romances podrian ser el ejemplo más evidente, pero también los niños han conservado canciones de mayo, de arroyo, villancicos de Navidad, conjuros... Sabemos que Federico "había estudiado a fondo el folklore de su país" (5), y Francis-

2) GUILLEN, Jorge. Prólogo a *Obras Completas* de Federico García Lorca. Ed. Aguilar, Madrid, 1966.

3) El poeta que ha estilizado los romances de Plazuela. Reportaje en *Obras Completas,* 1966.

4) GARCIA LORCA, Francisco. *Federico y su mundo.* Alianza Editorial, S.A. Madrid, 1980.

5) GARCIA LORCA, Federico. *Obras Completas,* pág. 1744.

co García Lorca nos dejó una relación de los Cancioneros conocidos por su hermano. (6) Federico de Onís nos dejó así mismo preciosos datos para conocer cómo Lorca fue aunando aquellas "canciones de corro que cantaban las niñas en la ciudad de Granada" con el estudio de las colecciones de canciones populares publicadas por los folkloristas e investigadores y mediante sus viajes a otras partes de España. (7) Nos imaginamos qué pudo significar para Federico —aquel "pulso herido que sondaba las cosas del otro lado", como él dice de sí mismo (8)— oir una mañana, o leer en un Cancionero, que son ahora las palabras las que destacamos:

Por aquella ventana
que cae al río
échame tu pañuelo
que vengo herío.
Por aquella ventana
que cae al huerto
échame tu pañuelo
que vengo muerto.

El poeta no las olvidará nunca. Mejor aún, se borrarán como palabras pero quedarán incorporadas como actitud, como ingrediente de su creación poética. Y las veremos de forma velada aparecer más de una vez en su obra.

Nos imaginamos también su atávico terror cuando escuchara los, a veces, tremendos romances que cantan los niños, los cuentos que narran crueldades inverosímiles, las terribles y puras cancioncillas:

Tan, tan... llaman a la puerta,
tan, tan... yo no salgo a abrir,
tan, tan... si será la muerte
tan, tan... que viene a por mí.

En la obra de Lorca se puede, a menudo, percibir ese latido de lo popular y de lo infantil de forma concreta y este trabajo no quiere ser sino una relación de los juegos y canciones infantiles a los que Lorca hace alusión. De algunos queda sólo un recuerdo, un juego de palabras, una asociación de

6) GARCIA LORCA, Francisco. Obra citada, pág. 426.
7) ONIS, Federico de. *"García Lorca, Folkloriste"*. Revista Hispánica Moderna, pág. 369.
8) GARCIA LORCA, Federico. *Obras Completas,* pág. 499.

ideas, pero hemos preferido no eliminarlos. Muchas veces en el poeta quedaba "confusa la historia y clara la pena", como ya dijo Machado. Federico, con otras palabras, dijo lo mismo:

Daré todo a los demás
y lloraré mi pasión
como niño abandonado
en cuento que se borró.

Así, borrosamente, nos aparece transfigurado el cuento atroz de Periquito y Mariquita, abandonados una y otra vez por sus padres en el bosque, que ha llenado de pavor las noches de los niños andaluces, de los niños de toda Europa.

Otras muchas veces Federico utiliza canciones y cuentos infantiles de forma fragmentaria pero lo bastante explícita para poder identificarlos. Esta identificación hemos procurado hacerla no sólo con nuestro conocimiento, personal y vivido, del folklore infantil en un pueblo andaluz hace ya muchos años, sino con canciones y juegos que aún están vivos en la tradición oral y —aunque cada vez menos— se siguen oyendo en las plazas de algunos pueblos y detras de las tapias de algún Colegio albaicinero. Muchas de estas canciones pertenecen al fondo más extendido del folklore infantil y por eso se citan aunque no sean versiones andaluzas.

Otras veces hemos preferido hacer referencia a textos escritos porque muchos temas de la tradición oral infantil están incorporados desde antiguo a repertorios y antologias, y lo mismo decimos respecto a los Cancioneros tradicionales.

Alguna vez, pocas, se ha hecho referencia a poemas cultos, especialmente de Don Luis de Góngora —al que tan profundamente conocía Lorca— y que ha dejado impresa su vena popular en algún pasaje del poeta granadino.

Damos, pues, una relación de fragmentos de la obra lorquiana en la que hemos encontrado, incorporados y recreados, fragmentos de canciones y cuentos infantiles y populares. Analizar el uso que Lorca hizo de estas pequeñas muestras de la tradición infantil, compararlas con ellas mismas en esa nueva vida que el poeta les ha dado, no es la finalidad de este trabajo que, repetimos, no pretende sino aportar unos datos, hacer un repertorio del folklore infantil y tradicional que Lorca conoció y recreó en su obra.

Tadea Fuentes Vázquez

Granada, 12 de Marzo de 1990

LA GALLINITA Y EL GALLO

I.- "Dile a Teresita que le voy a contar el cuento de la gallinita con traje de cola y sombrero amarillo. El gallo tiene un sombrero muy grande para cuando llueve".

Carta a Jorge Guillén.
O.C. pag. XXII.

II.- La gallina. (Cuento para niños tontos).

O.C. pag. 37.

III.- Banquete de "Gallo".

F.G.L. O.C. pag. 125.

LA GALLINITA Y EL GALLO

I.- Alto, altanero,
gran caballero,
capa dorada
y espuela de acero.

(El gallo). Adivinanza popular.
Antología de C. Bravo-Villasante, pag. 21.

II.- Al gallo, al gallo...
la gallinita y el caballo.
Al sí
al no
en mi casa mando yo.
Y luego go go,
y luego go go
la gallina puso un huevo.

Juego infantil para saltar.
Antas (Almería).

III.- Cu-Cú, cantaba la rana,
cu-cú, debajo del agua,
....
cu-cú, pasó una señora,
cu-cú, con falda de cola.

Canción infantil popular en toda Andalucía.

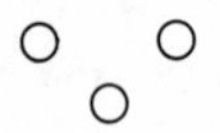

LA RANA

I.- Dile que le contaré el cuento de la rana que tocaba el piano y cantaba cuando le daban pasteles.

Carta a Jorge Guillén, O.C., 1986, t.l.
pag. XXIII.

II.-

CRISTOBITA

¡Bah! Ya le enseñaré yo a que ponga la voz bronca, ¡más natural!, y cante aquello de

La rana hace cuac, cuac,
cuac, cuac, cuarac.

"Tragicomedia de don Cristobal", O.C.,
1986, pag. 123.

LA RANA

I.- Cucú, cantaba la rana,
cucú, debajo del agua.
Cucú, pasó un caballero,
cucú, le pidió el sombrero.

Canción infantil popular en toda Andalucía.

II.- ¡Cucú, cucú, cucucú!
¡Guarda no lo seas tú!

Margit Frenk, n.º 1817, pag. 882.

III.- Cucurucú cantaba la rana,
cucurucú debajo del agua;
cucurucú, mas ¡ay! que cantaba,
cucurucú, debajo del agua.

Margit Frenk, n.º 2090, pag. 1008.

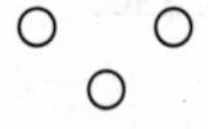

NARANJITAS Y LIMONES

I.- Naranja y limón.
¡Ay de la niña
del mal amor!
Limón y naranja.
¡Ay de la niña
de la niña blanca!

(Canciones) O.C., pag. 392

II.- Nadie come naranjas
bajo la luna llena.
Es preciso comer
fruta verde y helada.

(Canciones) O.C., pag. 393

III.- La tarde canta
una berceuse a las naranjas.
Mi hermanita canta:
La tierra es una naranja.
La luna llorando dice:

Yo quiero ser una naranja.
No puede ser, hija mía,
aunque te pongas rosada.
Ni siquiera limoncito.
¡Qué lástima!

("Dos lunas de tarde". Canciones.) O.C., pag. 395

IV.- Leñador.
Córtame la sombra.
Líbrame del suplicio
de verme sin toronjas.

("Canción del naranjo seco". Canciones) O.C., pag. 420

V.- Cinco toronjas se endulzan
en la cercana cocina.
Las cinco llagas de Cristo
cortadas en Almería.

"La monja gitana". (Romancero gitano) F.G.L.
O.C., pag. 433

VI.- La dama
estaba muerta en la rama.
La monja
cantaba dentro de la toronja.

("Vals en las ramas". Poeta en Nueva York)
O.C., pag. 528

VII.- Limoncito amarillo,
limonero.

Echad los limoncitos
al viento.
¡Ya lo sabéis!... Porque luego,
luego,
un velón y una manta en
en el suelo.

("Lamentación de la muerte". Poema del Cante Jondo.)
O.C.,pag. 321.

VIII.- Limonar
Momento de mi sueño.
Limonar.
Nido
de senos
amarillos.
....
Limonar
Naranjal desfallecido,
naranjal moribundo,
naranjal sin sangre.
....

("El jardín de las morenas". Poemas Sueltos).
F.G.L. O.C., pag. 591.

NARANJITAS Y LIMONES

I.- A la rueda la patá
comeremos ensalá.
Lo que comen los señores
naranjitas y limones.

(Popular en Granada)

II.- Palmas, palmitas,
higos y castañitas
naranjas y limones,
para los señores.

("Cada cual atienda a su juego". Ana Pelegrín)
pag. 76

III.- La naranja se pasea
de la sala al comedor.
No me mates con cuchillo
que me da mucho dolor.

("Canciones y juegos de los niños de Almería").
pag. 134

IV.- Naranja dulce,/limón partido,
dame un abrazo/que yo te pido.

(Cada cual atienda a su juego)
pag. 39

V.- Naranja china,
la mandarina,
limones agrios,
la papeleta
del boticario.

(Popular en Almería)

VI.- Toma, niña, esta naranja.
La he cogido de mi huerto.
No la partas con cuchillo,
que va mi corazón dentro.
....
A la flor de romero
romero verde.

(Popular en Granada)

VII.- Tiré un limón por el aire
por ver si amarilleaba.
Subió verde y bajó verde
y mi amor nunca se acaba.

(Antas. Almería)

VIII.- De tu ventana a la mía
me tirastes un limón.
El limón cayó en el suelo
y el agrio en mi corazón.
....
(Variante)
El limón me dió en el pecho
y el zumo en el corazón.

(Popular en Almería y Granada)

IX.- Yo tiré un limón por alto
y a tu puerta se paró.
Hasta los limones saben
que nos queremos los dos.

(Popular en Fuentevaqueros)

NARCISO

I.- Niño, ¡qué te vas a caer al río!
En lo hondo hay una rosa
y en la rosa hay otro río.
¡Mira aquel pájaro! ¡Mira
aquel pájaro amarillo!
Se me han caído los ojos
dentro del agua.
¡Dios mío!
¡Que se resbala! ¡Muchacho!
...y en la rosa estoy yo mismo.

Narciso. "Canciones".F.G.L. O.C., pag. 386.

II.- ¡Pasarás por el puente
de Santa Clara!

"Hora de estrellas". Libro de Poemas.
F.G.L. O.C., pag. 256.

ENCADENAMIENTOS-NARCISO

I.- En la flor una rosa
en la rosa un clavel,
y en el clavel una niña
que se llama Isabel.

("Canciones y juegos de los niños de Almería")
pag. 231.

II.- Toma la llave de Roma y toma.
-Porque en Roma hay una plaza.
-Y en la plaza hay una casa.
-Y en la casa hay una sala.
-Y en la sala hay una cama.
-Y en la cama hay una dama.
-Y en la dama hay una jaula.
-Cayó la jaula.
Trepó la dama.
-Cayó la dama.
Trepó la cama.
-Cayó la cama.
Trepó la alcoba.
-Cayó la alcoba.
Trepó la sala.

-Cayó la sala.
Trepó la casa.
-Cayó la casa.
trepó la plaza.

Canciones y juegos de los niños de Almería.
pág. 156.

III.- Allí arribica hay un pino.
El pino tenía una rama.
La rama tenía un "nío".
El "nío" tenía tres huevos.

Popular en Antas. (Almería)

IV.- En mi huerto hay un pino,
en el pino hay un nido,
y en el nido hay un huevo,
se acabó mi juego.

Adarra Bizkaia, pag. 170.

V.- Al pasar por el puente
de Santa Clara,
se me cayó el anillo,
del aire,
dentro del agua,
madre, a la orilla
dentro del agua.
¡Niña!

Canción de "Los Peregrinos", recogida por Lorca.
Versión cantada en Fernán Pérez. (Almería)

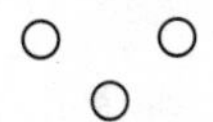

LA NANA DEL CABALLO

"A la nana, nana, nana,
a la nanita de aquel
que llevó el caballo al agua
y lo dejó sin beber...

"Las nanas infantiles" O.C., pag. 99.

"Nana, niño, nana
del caballo grande
que no quiso el agua.
El agua era negra
dentro de las ramas.
Cuando llega al puente
se detiene y canta.
....
Las patas heridas,
las crines heladas,
dentro de los ojos
un puñal de plata.
Bajaban al río.
¡Ay, cómo bajaban!
La sangre corría
más fuerte que el agua.

"Bodas de sangre", F.G.L. O.C., pag. 1194.

LA NANA DEL CABALLO

Hay en primer lugar una glosa de la nana tradicional, pero también encontramos alusión a dos composiciones más:

I.- Arbolito verde
secó la rama
debajo del puente
retumba el agua,
retumba el agua,
retumba el agua.

II.- La imagen del caballo ensangrentado hasta las patas que conoció en el romance de Marbella, "muerta de parto en mitad del camino".

III.- La nana tradicional puede ser una transformación de una coplilla burlesca que se canta con muchas variantes:

Eres más tonta que ayer
que llevas la burra al agua
y la traes sin beber. (1)

Carataunas y Gójar.

IV.- Las vacas de Juana
no quieren comer,
llévalas al agua
que querrán beber.

Se canta en Tamames (Salamanca). "Cancionero Salmantino" de Dámaso Ledesma, que Lorca conoció.

1) El Grupo de Adarra Bizkaia oskus. "En busca del juego perdido", pág. 64 recoge en su capítulo de Dichas bromas y Consejas, ésta: "Eres más tonto que Lepe / que cambió una oreja / porque la tenía repe".

V.- A mi caballo le eché
hojitas de limón verde
y no las quiso comer.
¡mi caballito se muere!

Se canta en Pedrosa del Príncipe (Burgos).
Debió recogerla Lorca del "Cancionero Popular de Burgos",
del Maestro F. Olmeda, Sevilla, 1903.
Estas dos últimas nanas
las cita el poeta en su conferencia sobre las nanas. O.C., pag. 99.

EL CABALLO TRÁGICO

“La Marbella del siglo XVII muerta de parto en mitad del camino, que dice:

La sangre de mis entrañas
cubriendo el caballo está.
Las patas de tu caballo
echan fuego de alquitrán.

“Teoría y juego del duende”
F.G.L. O.C., pag. 115.

EL CABALLO TRÁGICO

I.- Paseábase Marbella
de la sala al ventanal,
....
las patas de tu caballo
echan fuego de alquitrán,
y el freno que las sujeta
revuelto con sangre va.

"Romancero antiguo", Alcina Franch,
(Ed.. Juventud, 1969). Romance de la Mala Suegra
pág. 541.

II.- Carmela se paseaba
al derredor de su calle
....
¿Cómo quieres, Pedro mío,
cómo quieres que te hable
si los pechos del caballo
van bañaditos de sangre?

"Cancionero Musical Manchego"
P. Echeverría Brabo, pag. 412.

Nota: Esa "Marbella del siglo XVII", a la que Lorca alude, es la del "Romance de la Mala Suegra", n.º 0153 del C.G.R. (Catálogo General del Romancero) de la Cátedra Seminario de M. Pidal.

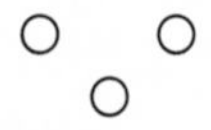

LA NIÑA QUE RIEGA LA ALBAHACA

I.- PRÍNCIPE

Niña que riegas la albahaca,
¿cuántas hojitas tiene la mata?

IRENE

Dime, rey zaragatero,
¿cuántas estrellitas tiene el cielo?

....

PRÍNCIPE

Niña-niña que riegas la albahaca,
¿cuántas hojitas tiene la mata?

IRENE

Mi Príncipe preguntón...
¿Cuántas estrellitas tiene el cielo?

PRÍNCIPE

Niña-niña...
¡Los besos que le distes al uvatero!

"La niña que riega la albahaca"
O.C., 1986, pag. 63-66. Tomo II.

II.- Lola

Adiós, caballero...
(Aparte)
(...de pluma y tintero)

"Lola la Comedianta"
O.C., 1986, pag. 78. Tomo II.

III.- Madre

Caballero
de pluma y tintero.

"Retablillo de don Cristobal"
O.C., 1986, pag. 684. Tomo II.

IV.- Marqués

Yo, calesero,
a sus pies rendí capa y sombrero.

"Lola la Comedianta"
O.C., 1986. Tomo II, pag. 82.

V.- Marqués

¡Ah! ¡Ah! ¡Ah!

Lola

Caballero
(de pluma y tintero).

"Lola la Comedianta"
O.C., 1986. Tomo II, pag. 90.

LA NIÑA QUE RIEGA LA ALBAHACA

I.- Federico escribió para esta fiesta una obra cuyo título completo era "La Niña que riega la albahaca y el Príncipe preguntó. Esta obrilla... era la escenificación de un cuento de niños. En el programa de mano que se hizo para guardar memoria de la representación, se la definió como "viejo cuento andaluz"...Me inclino a creer que todo no fue invención del poeta.

"Federico y su mundo"
F.º García Lorca, 1980. pag. 271.

II.- Había una vez un hombre que tenía tres hijas y las tres eran muy guapas...En una de las ventanas que daban a la calle había una macetita de albahacas que cada día le tocaba regar a una de las tres hermanas...Al día siguiente salió la pequeña a regar la maceta y pasó también el hijo del rey, que le dijo lo mismo:

-Niña que riegas las albahacas,
¿cuántas hojitas tiene la mata?

Y Mariquilla entonces le contestó:

-Caballero del alto plumero,
....
¿cuántas estrellitas tiene el cielo
y arenitas tiene el mar?

Entonces pensó disfrazarse de encajero...La pequeña escogió una puntillita y le preguntó que cuánto quería por ella.
–Siendo para tí, sólo quiero que me des un beso...Así que la niña le dió un beso al encajero...Al día siguiente volvió a pasar el hijo del rey...(se repite el diálogo)...A lo que el príncipe contestó:

-¿Y el beso del encajero
estuvo malo o estuvo bueno?

"Cuento de la Mata de Albahaca". Cuentos al amor de la lumbre, A. R. Almodóvar, ed. Anaya, 1984, págs. 433-438.

III.- La zarzuela "Luisa Fernanda" había popularizado el diálogo de este cuento, con ligeras modificaciones:

–Caballero del alto plumero,
¿dónde caminas tan pinturero?
Señorita que riega la albahaca,
¿cuántas hojitas tiene la mata?

EL JARDÍN DE LOS SALTOS

Déjame todavía en el jardín de los saltos.

F.G.L. Carta a Jorge Guillén.
O.C.G. pág. LXVI.

EL JARDÍN DE LOS SALTOS

I.- Al jardín de la alegría
quiere mi madre que vaya
....
Vamos los dos, los dos, los dos
vamos los dos en compañía
vamos los dos, los dos, los dos
al jardín de la alegría.

Loja.- 65 años.
Huéscar.

... POR EL PICO ECHABA SANGRE

I.- ¿Será posible que del pico de esa paloma cruelísima... salga la palidez lunar...

Amantes asesinados por una perdiz.
O.C. pág. 36.

II.- Sólo sé deciros que los niños que pasaban por la orilla del bosque vieron una perdiz que echaba un hilito de sangre por el pico.

Amantes asesinados por una perdiz.
F.G.L. O.C., pag. 36.

... POR EL PICO ECHABA SANGRE

I.- Mi papá tiene un peral
mi papá tiene un peral
que echa las peras muy finas
que echa las peras muy finas,
y en la ramita más alta
y en la ramita más alta
cantaba una golondrina
cantaba una golondrina.
Por el pico echaba sangre,
por el pico echaba sangre
y con las alas decía
y con las alas decía
malditas sean las mujeres
malditas sean las mujeres
que de los hombres se fían
que de los hombres se fían.

Antas. (Almería)
Illora. (Granada)

Se canta en toda la península:

"Canciones y juegos de los niños de Almería"
Florentino Castro Guisasola, pag. 313.

II.- Una paloma blanca
como la nieve
me ha picado en el pecho
y así me duele.

Antología de la S.F., pag. 498.

UNA TARDE FRESQUITA DE MAYO

I.- Fui también caballero
una tarde fresquita de mayo.

"Balada Triste". Libro de Poemas. O.C., pag. 191.

UNA TARDE FRESQUITA DE MAYO

I.- Una tarde fresquita de mayo
cogí mi caballo,
me fui a pasear
a los sitios donde mi morena
fresquita en la arena
se suele sentar:
Yo la vide coger una rosa,
yo la vide coger un clavel,
y le dije: Jardinera hermosa,
¿me das una rosa?
¿me das un clavel?

Castro Guisasola, pag. 281.

II.- Una tarde fresquita de mayo
por el prado me fui a pasear,
me encontré con un joven gallardo
de alta estatura,
y era militar.

Recogida en el Albaicín. Granada.

III.- Una tarde fresquita de mayo
cogí mi caballo
para pasear
por los sitios más acostumbrados
los tiempos pasados
para recordar.
Pero ya no nacían las flores
que pintaban mi falsa ilusión
porque el frío de otros temporales
secó los rosales de mi corazón.

Versión recogida en Órgiva. (Granada)

ESTRELLA DEL PRADO

I.- … un coro de niñas harapientas dicen muy mal la tierna canzoneta fundida en el crisol de Schubert melancólico:

Estrella del prado
al campo salir
a coger las flores
de Mayo y Abril…

Baeza. "Impresiones y Paisajes"
O.C.,1986. Tomo III, pag. 69.

II.- ¿quién será la que coge los claveles
y las rosas de mayo?
¿Y por qué la verán sólo los niños
a lomos de Pegaso?
¿Será la misma la que en los rondones
con tristeza llamamos
estrella, suplicándole que salga
a danzar por el campo?…

Balada triste. "Libro de poemas".
F.G.L. O.C., 1986. Tomo I, pag. 27.

ESTRELLA DEL PRADO

I.- El treinta de mayo
al campo salí
a coger las flores
de Mayo y Abril.

Canción de rueda. (Jaén).

II.- Doncella del prado
al campo salí
el rey coge rosas
de Mayo y Abril.

Monachil. (Granada)

III.- El treinta de Mayo.
....

Granada.

IV.- En el mes de Mayo
al campo salí
para coger flores
de mayo y abril.

Armilla. (Granada).

Nota: En Fuentevaqueros llamaban "rondones" a los juegos infantiles acompañados de melodias, especialmente a los cantos de rueda.
El "Estrella de mayo" de Federico es una corrupción de ese "El treinta de mayo" con que comienza la canción en varios pueblos de la vega granadina.

ME CASÓ MI MADRE

I.- …y de aquella chiquita, tan bonita
que su madre ha casado:
¿en qué oculto rincón del cementerio
dormirá su fracaso?

"Balada Triste" Libro de Poemas, O.C., pag. 191.

ME CASÓ MI MADRE

I.- Me casó mi madre,
me casó mi madre,
chiquita y bonita
chiquita y bonita,
con un muchachito,
con un muchachito
que yo no lo quería
que yo no lo quería.

Canción popular en el folklore infantil de toda Andalucía.
Es el romance de "La malcasada",
n.º 0221 del Catálogo General de Romances.

II.- Me casó mi madre
que yo no quería,
a la ro-ró, a la ro-ró
mi niña, a la ro-ró,
ahora ya casada
te duermo, mi vida,
a la ro-ró, a la ro-ró
mi niña, a la ro-ró.

Nana popular. Cancionero de la S.F/, pag. 304.

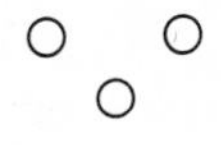

ALLÁ VA MI GAVILÁN

I.- De niño yo canté como vosotros,
niños buenos del prado,
solté mi gavilán con las temibles
cuatro uñas de gato.

"Balada Triste" Libro de poemas.
O.C., pag. 190.

ALLÁ VA MI GAVILÁN

I.- Tataramuja,
taco real,
amagar y no dar,
dar sin reir,
dar sin hablar,
un pellizquito en el culo
y a echar a volar.
Allá va mi gavilán
con cuatro uñas de gato
como no me traigas chicha
las orejas te las saco.

Versión recogida en Antas. (Almería)

II.- ¿Hay pájaros en el nido?
-Pájaros hay
-Madre, ¿echo la red?
-Echela usted.
-¿Y si le pican?
-Déjelo usted.
-Ahí va mi gavilán
con cinco uñas de gato
como no me traigas caza
las orejas van al gato.

Bubión. (Granada)

EL JARDÍN DE CARTAGENA

I.- Pasé por el jardín de Cartagena
la verbena invocando.

"Balada Triste" Libro de Poemas.
O.C., pag. 191.

II.- Soñar en la verbena y el jardín
de Cartagena, luminoso y fresco.

Mariana Pineda. O.C., pag. 826.

III.- Entre el boscaje
de suspiros
el aristón sonaba
que tenía cuando niño.
¡Por aquí has de pasar,
corazón!
¡Por aquí,
corazón!

"La selva de los relojes" Poemas Sueltos.
O.C., pag. 611.

EL JARDÍN DE CARTAGENA

I.- A la víbora de la mar
por aquí podéis pasar.
-Por aquí yo pasaré
y una niña cogeré.
-Esa niña, ¿cuál será
la de alante o la de atrás?
-La de alante corre mucho
la de atrás se quedará.
Verbena, verbena,
jardín de Cartagena.

Almería.

II.- Pasimisí, pasimisá
por la Puerta de Alcalá,
la de alante corre mucho
la de atrás se quedará.
Verbena, verbena,
jardín de Cartagena.

Fuentevaqueros. (Granada)

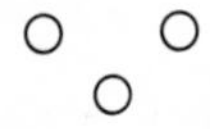

EL ANILLO PERDIDO

I.- ...Y perdí la sortija de mi dicha
al pasar el arroyo imaginario.

"Balada Triste", O.C., pag. 190.

II.- ¡Pasarás por el puente de
Santa Clara!

Hora de Estrellas. "Libro de Poemas". O.C., pag. 256.

III.- Tirad ese anillo
al agua.
Tirad ese anillo. Tengo
más de cien años. ¡Silencio!
¡No preguntarme nada!
Tirad ese anillo
al agua.

Desposorio. "Canciones" O.C., pag. 405.

IV.- Han perdido sin querer
su anillo de desposados.
¡Ay, su anillito de plomo
ay, su anillito de plomado!

El lagarto está llorando. "Canciones", pag. 373.

V.- Mi anillo, señor, mi anillo de oro viejo,
se hundió por las arenas del espejo.

"Así que pasen cinco años" pag. 1099.

VI.- Altas torres.
Largos ríos.
Hada
Toma el anillo de bodas
que llevaron tus abuelos.
Cien manos bajo la tierra
lo echaron de menos.
Yo
Voy a sentir en mis manos
una inmensa flor de dedos
y el símbolo del anillo. ¡No lo quiero!
Altas torres.
Largos ríos.

Altas torres. "El bosque de las toronjas de luna"
O.C., 1986, pag. 916. Tomo I

EL ANILLO PERDIDO

I.- El anillo se fue a Roma
y hasta mañana no asoma,
¿quién lo tiene?
¿quién lo tendrá?

"En busca del juego perdido", Ana Pelegrín
pag. 94.

II.- El anillo se ha perdío
y en el corro se ha metío.

Juego del anillo, Antas. (Almería)

III.- VIEJO
Canta, zurrón, canta
y si no te doy con la tranca.
NIÑA
En este zurrón estoy,
en este zurrón estaré
por un anillico de oro
que en la fuente me dejé.

Viejo cuento andaluz del "Anillico de oro o el zurrón que cantaba"

IV.- Al pasar por el puente
de Santa Clara
se me cayó
el anillo,
del aire,
dentro del agua,
madre a la orilla,
dentro del agua,
¡niña!

Canción de los Peregrinitos.
Fernán Pérez. (Almería).

EL DOMINGO DE PIPIRIPINGO

I.- Era un domingo de pipirigallo.

"Balada Triste". Libro de Poemas, O.C., pag. 191.

EL DOMINGO DE PIPIRIPINGO

I.- Mañana domingo,
pipiripingo,
pico de gallo,
zurrón de caballo.
Fui al corral,
me encontré un dedal,
se lo dí a mi tía,
esta es la última “mejía”.

Canción de “mejeor”. Baza. (Granada)

LA QUE RIEGA LOS CLAVELES

I.- Y vi que en vez de rosas y claveles
ella tronchaba lirios con sus manos.
....
¿quién será la que riega los claveles
y las rosas de mayo?
....
¿quién será la que corta los claveles
y las rosas de mayo?

"Balada Triste". Libro de Poemas, O.C., pag. 191.

LA QUE RIEGA LOS CLAVELES

I.- Jardinera, jardinera,
la que riega los claveles,
por favor deme una rosa
de las lindas que usted tiene.
A coger el trébole,
el trébole, el trébole,
a coger el trébole
la noche de San Juán.

Canción de corro. Antas. (Almería)

II.- Hermosas doncellas
que al prado venís
a cortar las rosas
de mayo y abril.

Loja. (Granada)

III.- Al levantar una lancha
una jardinera vi
regando sus lindas plantas
y al momento le pedí:
Jardinera, tú que entraste
en el jardín del amor,
de las plantas, que regaste,
díme cuál es la mejor.
La mejor es una rosa
que se viste de color,
del color que se le antoja
y verde tiene las hojas.

"Canciones y juegos...", F. Castro, pag. 201.

IV.- Pues Doña Mariquita
no está aquí,
que está en el jardín
cortando las flores
de mayo y abril.

Antas. (Almería)

V.- Arroyo claro,
fuente serena,
....
Una lo lava
otra lo tiende,
una le coge rosas
y otra claveles.
Tú eres la rosa
yo soy el lirio,
¡quién fuera cordón verde
de tu justillo!

Canción de corro. Íllora. (Granada)

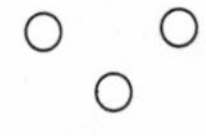

LA LUNA LUNERA

I.- …y la luna lunera, ¡qué sonrisa
ponía entre sus labios!

Balada Triste" Libro de Poemas, O.C., pag. 191.

LA LUNA LUNERA

I.- Luna lunera
cascabelera,
los ojos azules
la cara morena.

"Cada cual atienda..." A. Pelegrín, pag. 89.

II.- Luna lunera,
debajo la cama
tienes la cena.

Antas. (Almería)

LA VIUDITA

-¿Por qué llevas un manto
negro de muerte?
-¡Ay, yo soy la viudita,
triste y sin bienes,
del conde del Laurel
de los Laureles!
-¿A quién buscas aquí,
si a nadie quieres?
-Busco el cuerpo del conde
de los Laureles.

(Balada de un día de julio)
F.G.L. O.C., pag. 219.

LA VIUDITA

I.- Yo soy la viudita
del conde Laurel
que quiero casarme
y no encuentro con quién.
–Si quieres casarte
y no encuentras con quién
escoge a tu gusto
que aquí tienes quién.

Canción de corro. Popular en Granada.

II.- -Viudita, ¿qué vendes?
-Azúcar y arroz.
-¿En qué calle vives?
-En calle rincón.
-¿Qué número tienes?
-El número dos.
-Yo soy la viudita
del conde Laurel.
....

Molvízar. (Granada)

III.- La viudita, la viudita
la viudita se quiere casar,
con el conde, conde de Cabra,
conde de Cabra se casará.

Almería.

IV.- ¿Quién dirá que la carbonerita,
quién dirá que la del carbón,
quién dirá que soy casada,
quién dirá que tengo amor?
–Yo soy la viudita
del conde Laurel,
que quiero casarme
y no encuentro con quién.

Antas. (Almería)

ESQUILONES DE PLATA

I.- Esquilones de plata
llevan los bueyes.

(Balada de un día de Julio)
Libro de Poemas. O.C., pag. 219.

ESQUILONES DE PLATA

I.- Esquilones de plata
bueyes rumbones,
esas sí que son señas
de labradores.

(Cancionero de Salamanca)

HA LLEGADO EL OTOÑO

I.- ¿Ha llegado el otoño, compañeras?,
dice una flor ajada.
¡Ya vendrán los pastores con sus nidos
por la sierra lejana!

(Se ha puesto el sol)
Libro de Poemas. O.C., pag. 233.

HA LLEGADO EL OTOÑO

I.- Ya se van los pastores
hacia la majada,
ya se queda la sierra
triste y callada.

Ya se van los pastores
a la Extremadura
ya se queda la sierra
triste y oscura.

Ya se van los pastores
ya se van marchando,
más de cuatro zagales
quedan llorando.

Canción tradicional popular en toda Andalucía.
Canción de otoño.

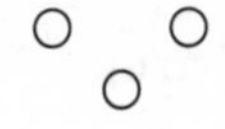

EL MILANO

I.- ...has visto
que el milano te mira ansiosamente.

"Pajarita de papel". Libro de Poemas.
O.C., pag. 234.

II.- Paloma gigantesca
de las esferas.
¿Cómo no baja del azul
el eterno milano?

"Nieve". Poemas Sueltos.
O.C., 1986. Tomo I, pag. 873.

EL MILANO

I.- Al milano ¿qué le dan?
-La corteza con el pan.
-No le darán otra cosa
sino una mujer hermosa.
-¡Mariquita la de atrás!
-El milano ¿está vivo o muerto?
-Muerto.
-Está afilando cuchillos.
-Está cerrando la puerta.
-Apaga la luz,
baja por las escaleras,
está llegando.
-Toc, toc.
-¿Quién es?
-El milano.
-¿Qué busca el milano?
-Carne humana.
-Si la gana.

Cuadernos Adarra, pag. 168.

II.- Vamos a mi huerto
a por torongil,
a ver a mi amante
entrar y salir.
-Mariquita la trasera.
-Mande mi delantera.
-Vaya a ver si el señor
está vivo o muerto.
-Muerto.
-Medio vivo, medio muerto.
-¡Vivo!
(Todas corren y el milano va a cogerlas)

"Canciones y juegos...", F. Castro, pag. 170.

III.- Al villano se lo dan
la cebolla con el pan.

"Corpus de la antigua...", M. Frenk, pag. 739.

BLANCA FLOR

Hecha con la corteza de la ciencia
te ríes del destino,
y gritas: "Blanca Flor no muere nunca,
ni se muere Luisito".

"Pajarita de Papel" F.G.L.
(Libro de Poemas) O.C., pag. 234.

BLANCA FLOR

I.- A. Pelegrín recoge una versión del cuento de Blanca Flor en su libro: "La aventura de oir", pags. 178-181. Pero en realidad se trata del viejo cuento de "La hija del diablo", que huye con su enamorado mientras el Diablo grita: -Blanca Flor, or, or... Y le contesta la saliva que su hija ha dejado en una olla: -¿Quééé...?, mientras corren en uno de los más veloces caballos del Diablo, el Viento.

Vete a la plaza -dice ella- ...me matas y me pones dentro de una olla.

-Yo no..., yo no te mato -dijo él-.

-Calla -dice Blanca Flor-, si no lo haces te pierdes tú y yo.

El mozo, temblando, hizo lo que Blanca Flor le aconsejara.

Otra versión en A.R. Almodóvar.
Pag. 45. Tomo I.

II.- María lava pañales
de lienzo fino, de lo mejor
para envolver a Luisito
que está malito con sarampión.
El médico le receta una papeleta
que hace llorar.
-No llores, Luisito mío,
que si se muere otro vendrá.

1.- Recogido de la tradición infantil,
con su tonada correspondiente, en Antas, (Almería).
2.- Recogido por Gabriel Celaya,
"Lo que cantan los niños".
Pag., 183.

FRÍO, FRÍO, COMO EL AGUA DEL RÍO

El corazón
que tenía en la escuela
....
(Frío, frío,
como el agua
del río)
....
(Caliente, caliente,
como el agua
de la fuente).

"Balada interior". Libro de Poemas.
O.C., pag. 244.

FRÍO, FRÍO, COMO EL AGUA DEL RÍO

I.- Juego del Chicote, recogido por D. Florentino Castro. "Canciones y juegos de los niños de Almería" pag. 165.

II.- Recogido en la tradición granadina y almeriense como el juego del "pañuelo escondío". Mientras un niño busca el pañuelo todos cantan según se acerque o se aleje de él:

Frío, frío
como el agua
del río.
Caliente, caliente,
como el agua
de la fuente.

ARROYO CLARO

I.- En el arroyo frío
lavo tu cinta,
como un jazmín caliente
tienes la risa.

"Yerma" F.G.L. O.C., pag., 1300.

I.1.- Francisco García Lorca, en su libro "Federico y su mundo", pag. 341, nos recuerdo: -Partiría esta vez de una canción popular, de la que el poeta utiliza, con una pequeña variante, los dos primeros versos:

En el arroyo claro
lavo tu cinta...

I.- ARROYO CLARO, FUENTE SERENA

Cantan los niños
en la noche quieta;
¡arroyo claro
fuente serena!
....
Bebe el agua tranquila
de la canción añeja.
¡Arroyo claro,
fuente serena!
....
¿Quién te enseñó el camino
de los poetas?
Yo.
La fuente y el camino
de la canción añeja.
....

"Balada de la Placeta". Libro de Poemas.
O.C., pag. 249.

ARROYO CLARO, FUENTE SERENA

I.- Arroyo claro,
fuente serena.
-Quién te lavó el pañuelo
saber quisiera.
-Me lo ha lavado
una serrana
en el río de Atocha
que corre el agua.
Una lo lava
otra lo tiende,
una le tira rosas
y otra claveles.

Recogido en Íllora. (Granada)

II.- Otra versión en Almería. "Canciones y juegos..." F. Castro, pag. 208. Rodrigo Fortún en "Canciones infantiles, pag. 46 trae una última estrofa distinta:

Tú eres la rosa,
yo soy el lirio.
¡quién fuera cordón verde
de tu justillo!

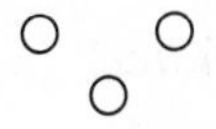

POR LOS ALTOS CORREDORES

I.- Por los altos corredores
se pasean dos señores.
(Cielo
nuevo.
¡Cielo
azul!)
...se pasean dos señores
que antes fueron blancos monjes.

"Corredor". Primeras Canciones.
O.C., pag. 351.

II.- ¿Qué es aquello que reluce
por los altos corredores?

"Muerto de amor". Romancero Gitano.
O.C., pag. 449.

POR LOS ALTOS CORREDORES

I.- Por los altos corredores
se pasea una doncella,
le llaman Encarnación
porque Dios encarnó en ella.

Villancico de Navidad que se canta en Antas. (Almería)

II.- Por las barandas del cielo
se asoma Santa Isabel,
y le dice a los pastores
que el niño quiere nacer.

Villancico de la misma procedencia.

III.- ¿Qué es aquello que reluce
encima del campanario?
Son las ánimas benditas
que están rezando el rosario.

Villancico de la misma procedencia.

IV.- ¿Qué es aquello que relumbra
por aquellos olivares?
-Será la guardia civil,
en busca de criminales.

M. Frenk, pag. 738. Rodríguez Marín, n.º 7554.

V.- ¿Qué es aquello que reluce
encima del campanar,
es estrella o es lucero,
o es la Virgen del Pilar?

Fuentevaqueros. (Granada)

SEÑORITAS Y SEÑORITOS

I.- La señorita
del abanico,
va por el puente
del fresco río.
Los caballeros
con sus levitas
miran el puente
sin barandillas.
La señorita
del abanico
y los volantes
busca marido.
....

"Canción china en Europa". Canciones.
O.C., pag. 370.

II.- ....
en la cinta hay un letrero:
"Mi corazón está lejos".
....

"Galán". Canciones. 382.

SEÑORITAS Y SEÑORITOS

I.- El paseíto de oro
es muy bonito,
por donde se pasean
los señoritos.
Los señoritos llevan
en el sombrero
un letrero que dice:
¡Viva el dinero!
Las señoritas llevan
en la sombrilla
un letrero que dice:
¡Viva Sevilla!

Canción de comba. Antas. (Almería)
Otra versión en Castro Guisasola. pag. 250.

II.- La señorita
está que arde, porque no tiene novio
para esta tarde.

Popular en Almería y provincia.

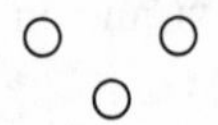

LA FLOR DEL ROMERO

I.- ¿Dónde estará
la miel?
Está en la flor azul,
Isabel.
En la flor,
del romero aquel.

"Cancioncilla sevillana". Canciones.
O.C., pag. 372.

LA FLOR DEL ROMERO

I.- A la flor del romero,
romero verde,
si el romero se seca
ya no florece.
Toma, niña, esta naranja,
la he cogido de mi huerto,
no la partas con cuchillo
que va mi corazón dentro.

Popular en Granada. Recogida en Antas (Almería) y en Purchil, Albuñol, Villanueva de Mesía, etc.

II.- Las flores del romero,
niña Isabel,
hoy son flores azules,
mañana serán miel.

Góongora, Obras poéticas. Tomo I, n.º 193.

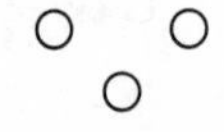

VERDE QUE TE QUIERO VERDE

I.- Verde que te quiero verde,
verde viento, verde ramas.

"Romance sonámbulo". Romancero Gitano.
O.C., pag. 430.

VERDE QUE TE QUIERO VERDE

I.- A la verde, verde,
a la verde oliva,
donde cautivaron
a las tres cautivas.

Romance de "Las tres cautivas", n.º 0137 del C.G.R.
Popular en toda Andalucía.

Nota.- Francisco García Lorca habla del conocimiento que los dos hermanos tenían de este "romancillo de cautivos".
"Federico y su mundo", pág. 13.

LA DANZA PRIMA

I.- ....
¡Ay qué camino tan largo!
¡Ay mi jaca valerosa!
¡Ay que la muerte me espera,
antes de llegar a Córdoba!

"Canción de Jinete". Canciones.
O.C., pag. 431.

II.- ¡Ay qué trabajo me cuesta
quererte como te quiero!

"Es verdad". Canciones.
O.C., pag. 380.

III.- ¡Ay, su anillito de plomo,
ay, su anillito plomado!
....
¡Ay cómo lloran y lloran,
¡ay!, ¡ay!, ¡cómo están llorando!

"El lagarto está llorando". Canciones.
O.C., pag. 373.

IV.- ¡Compadre! ¿Dónde está, dime,
¿Dónde está tu niña amarga?
!Cuántas veces te esperó!
¡Cuántas veces te esparara,
cara fresca, negro pelo,
en esta verde baranda!

"Romance sonámbulo". Romancero Gitano.
O.C., pag. 431.

LA DANZA PRIMA

I.- ¡Ay!, un galán de esta villa,
¡ay!, un galán de esta casa,
¡ay!, que de lejos venía,
¡ay!, que de lejos llegaba.
....
¡Ay!, diga lo que él quería
¡ay!, diga lo que él buscaba.
¡Ay!, busco a la blanca niña,
!ay!, busco a la niña blanca.
....
¡Ay!, diga a la blanca niña,
¡ay!, diga a la niña blanca,
¡ay!, que su amigo la espera,
¡ay!, que su amigo le aguarda.
....

Romance de "¡Ay!, un galán de esta villa".
Flor nueva de romances viejos. pag. 98.
R. Menéndez Pidal.

II.- ¡Ay!, un galán d'esta villa.
¡Válgame la Virgen Santa!
....
¡Ay!, busco a la blanca niña,
¡ay, busco a la niña blanca,
que tiene voz delgadina,
que tiene la voz delgada,
....
¡ay!, que non l'hay n'esta villa,
¡ay!, que non l'hay n'esta casa
si non era una mi prima,
si non era una mi hermana,
....

Danza Prima de Asturias. Cancionero de la S.F., pag. 71.

LA MONJA Y LA TORONJA

I.- La monja borda alhelíes
sobre una tela pajiza.
Cinco toronjas se endulzan
en la cercana cocina.

"La monja gitana". Romancero Gitano.
O.C., pag. 433.

II.- La dama
estaba muerta en la rama.
La monja
cantaba dentro de la toronja.
La niña
iba por el pino a la piña.

Vals en las ramas. Poeta en Nueva York.
O.C., pag. 528.

LA MONJA Y LA TORONJA

I.- Ya viene la monja,
vestida de toronja,
no puede pasar
ni por el río
ni por el mar.
Pasa una,
pasan dos,
pasa la Madre de Dios,
con su caballito blanco,
reluciendo todo el campo,
campo mayor,
de San Salvador,
....

Canción de mecedor. Antas (Almería).

II.- Ya vienen las monjas
llenas de toronjas
con su caballito blanco.
....

Versión recogida por Ana Pelegrín en Granada (1978). "Cada cual atienda a su juego", pag. 37.

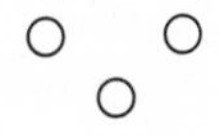

MUERTO DE AMOR

I.- ¿Qué es aquello que reluce
por los altos corredores?
Cierra la puerta, hijo mío,
acaban de dar las once.
....
Madre, cuando yo me muera,
que se enteren los señores.
....

Muerto de amor. Romancero Gitano.
O.C., pag. 449.

MUERTO DE AMOR

I.- Por los altos corredores
se pasea una doncella,
le llaman Encarnación
porque Dios encarnó en ella.

II.- ¿Qué es aquello que reluce
encima del campanario?
....

Villancicos de Navidad. Antas (Almería).

III.- Una joven muy guapa
llamada Adela, llamada Adela,
por amores de Juan
se hallaba enferma,
se hallaba enferma.
....
–Madre, ciera la puerta
que ladra un perro,
que ladra un perro,
y esas son las señales
de que me muero
de que me muero.
–Madre, cuando me muera
viste mi cuerpo,
viste mi cuerpo,
con el vestido blanco
que no me he puesto,
que no me he puesto.
....

Romance de Adela. Popular en Antas (Almería).
Es el de “Luz Eterna”, n.º 0195 del C.G.R.

IV.- ¿Qué es aquello que reluce
encima del campanar?
–Es estrella o es lucero
o es la Virgen del Pilar.

Recogido en Fuentevaqueros.

BURLA DE DON PEDRO A CABALLO

Romance con lagunas.
Romance de don Pedro a caballo.

Por una vereda
venía Don Pedro.
¡Ay cómo lloraba
el caballero!
Montado en un ágil
caballo sin freno,
venía en la busca
del pan y del beso.
....

Burla de D. Pedro a caballo.
Romancero Gitano. O.C., pag. 461.

BURLA DE DON PEDRO A CABALLO

Ya viene Don Pedro
de la guerra herido,
ya viene volando
por ver a su hijo.
Al llegar al pueblo
Don Pedro expiró
....
Al llegar a misa
todos le decían
qué viuda tan guapa
qué viuda tan linda.
....
Tocan las campanas,
tocan a tristeza
porque ya se ha muerto
Don Pedro y Teresa.
....

Recogido por la autora en Fernán Pérez. (Almería)

Nota.- Es el romance de "La muerte ocultada" R. Menéndez Pidal, Flor nueva de romances viejos, pág. 214.
Otra versión, esta vez infantil y en versos de seis sílabas, ha sido recogida por Gabriel Celaya, La voz de los niños, pág. 217

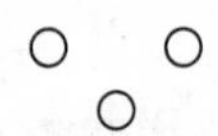

THAMAR Y AMNÓN

La luna gira en el cielo
sobre las tierras sin agua
mientras el verano siembra
rumores de tigre y llama.
....
Amnón a las tres y media
se tendió sobre la cama.
Toda la alcoba sufría
con sus ojos llenos de alas.
....

Romancero Gitano. O.C., pag. 464.

Nota.- Jorge Guillén en el prólogo a "Obras Completas", pág. LXII (Aguilar, 1966), recuerda que "el poeta, acompañando a don Ramón y Jimena Menéndez Pidal en su visita al Albaicín, escuchó entre los romances cantados por los gitanos el de Altamares: Tamar. (También el poeta guardaba en su librería granadina. Los cabellos de Absalón, de Calderón, y lo había leído)".

Otra referencia a este romance hace Francisco García Lorca en "Federico y su mundo": "Pero en el mismo libro —el Romancero Gitano—, concretamente en el romance de "Thamar y Amnón", el paisaje árido y calcinado, la luz que cae como un cauterio sobre la tierra, las terrazas bajo la luna, los muros y atalayas, la Alcazaba al fondo, la aurora tibia con rumor de pámpanos y peces, mar y viñedos, llevan, a mi juicio, la impronta de aquella ciudad". (Almería).

THAMAR Y AMNÓN

I.- Grandes males finge Amón
por los bienes de Tamar.
Harto mal tiene quién ama
no ha menester fingir más.

"Primavera y flor de romances".

II.- Por las salas Altamar
iba la linda Altamara,
es más derecha que un pino
relumbra como una espada
....

Catálogo General del Romancero Panhispánico.
Seminario de M. Pidal.
N.º 0140.

Damos a continuación dos versiones de la tradición folklórica infantil:

III.- El rey moro tenía un hijo
que Tarquino se llamaba,
se enamoró de Altamara
que era su querida hermana
....

IV.- El rey moro tenía un hijo
más hermoso que la playa.
A la edad de quince años,
se enamoró de su hermana.

Canción de corro en Valladolid.

V.- En Andalucía pueden citarse varias versiones del romance.

Rey moro tenía un hijo
que Paquito se llamaba,
un día en su automóvil
se enamoró de su hermana.
Viendo que no podía ser
cayó malito en la cama.
Subió el padre a visitarlo:
-Hijo mío, ¿qué te pasa?
-Me ha dado una calentura
que me ha traspasado el alma.
-¿Quieres que te mate un ave
de esas que vuelan en casa?
-Padre si usted me la mata
que me la suba mi hermana.
Como era en el verano
subió en enagüitas blancas
la cogió de medio cuerpo
y la echó sobre la cama.
Le hizo todo lo que quiso

hasta escupirle en la cara,
cuando iba para abajo
esta maldición le echaba:
–Permita el rey de los cielos
que quedes embarazada.

Castillo de Locubín (Jaén). Tradicional en el folklore infantil.

VI.- L'agarro de la mano
y la echó sobre la cama,
gosó de este hermoso lirio
y d'esta rosa temprana.
-Venga castigo der sielo
ya qu'en la tierra non hayga.
-Que castiguen a mi padre,
que e er que ha tenido la causa.

Versión andaluza recogida por Gabriel Celaya en su libro:
"La voz de los niños". pag. 214.

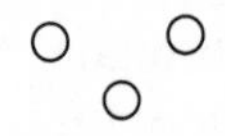

ELENITA QUE BORDAS CORBATAS

¡Guárdate del viajero,
Elenita que bordas
corbatas!

"Suite de los espejos". Poemas Sueltos.
O.C., pag. 599.

ELENITA QUE BORDAS CORBATAS

I.- Estando tres niñas
bordando casacas,
con agujas de oro
dedales de plata,
pasó un caballero
pidiendo posada.
-Si mi madre quiere
yo de buena gana.
Pusieron la mesa
muy bien preparada:
manteles de hilo
cubiertos de plata.
La cama la hicieron
en medio la sala
colchones de lino,
sábanas de holanda.
A la media noche
fue y se levantó
y de las tres niñas
a Elena cogió,
la montó a caballo
y se la llevó.
Arriba en un monte
detuvo la marcha
'Di cómo es tu nombre,
niña enamorada.
-En mi casa Elena
y aquí desgraciada.
Sacó su cuchillo
para degollarla,
y luego hizo un hoyo
para allí enterrarla.

Cancionero de la Sección Femenina, pág. 458.
Con ligeras variantes en G. Celaya, pág. 221.
N.º 0173 del C.G.R.

II.- Estando Elenita
bordando corbatas
....

Almería. Recogida esta versión por la autora.

LA PÁJARA PINTA

I.- El camino de Santiago.
(Oh noche de mi amor,
cuando estaba la pájara pinta
pinta
pinta
en la flor del limón).

"Noche". Poemas sueltos. O.C., pag. 604.

II.- Soñar en la verbena y el jardín
de Cartagena, luminoso y fresco,
y en la pájara pinta que se mece
en la ramas del verde limonero.

"Mariana Pineda". Estampa segunda. Escena tercera.
O.C., pag. 826.

III.- Estando una pájara pinta
sentadita en el verde limón...
(Se atraganta)
con el pico movía la hoja,
con la cola movía la flor.
¡Ay! ¡Ay!
¿Cuándo veré a mi amor?

"Los Títeres de Cachiporra". Cuadro VI.
O.C., pag. 762.

LA PÁJARA PINTA

I.- Estando la pájara pinta
sentadita en su verde limón,
con el pico pica la hoja,
con la hoja pica la flor.
¡Ay! !Ay!
¿Cuándo vendrá mi amor?
¡Ay! !Ay!
¿Cuándo le veré yo?

Recogido por la autora en Antas (Almería).
Versión de Castro Guisasola,
"Canciones y juegos de los niños" de Almería, pág. 218.

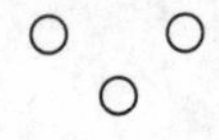

MAMBRÚ SE FUE A LA GUERRA

I.- Y las estrellas pobres,
las que no tienen luz,
¡qué dolor,
qué dolor,
qué pena!
están abandonadas
sobre un borroso azul.
¡Qué dolor,
qué dolor
qué pena!

"Noche". Poemas Sueltos. O.C., pag. 605.

II.- La luna ya se ha muerto
do-re-mi
la vamos a enterrar
do-re-fa
en una rosa blanca
do-re-mi
con tallo de cristal
do-re-fa
....

Se ha muerto la Mambruna
do-re-mi
de la cara estelar
do-re-fa.

"Memento". Poemas Sueltos. O.C., 1986, pag. 755.

MAMBRÚ SE FUE A LA GUERRA

I.- Mambrú se fue a la guerra,
qué dolor, qué dolor, qué pena.
Mambrú se fue a la guerra,
no sé cuando vendrá,
do-re-mi,
do-re-fa,
no sé cuando vendrá.
....
Me he subido a la torre,
qué dolor, qué dolor, qué corre.
me he subido a la torre
para ver si aún vendrá,
do-re-mi,
do-re-fa,
para ver si aún vendrá.
Allí viene su paje
qué dolor, qué dolor, qué traje.
Allí viene su paje,
¿qué noticias traerá?,
do-re-mí,
do-re-fa,
¿qué noticias traerá?

Popular en Andalucía.
Tomada del Cancionero de Sección Femenina. pag. 492.

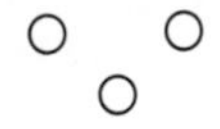

DIÁLOGO INFANTIL

I.- ESCUELA

Maestro.
¿Qué doncella se casa
con el viento?
Niño.
La doncella de todos
los deseos.
Maestro
¿Qué le regala
el viento?
Niño.
Remolinos de oro
y mapas superpuestos.
Maestro.
Ella, ¿le ofrece algo?
Niño.
Su corazón abierto.
....

"Escuela". Poemas Sueltos. O.C., pag. 629.

☆ ☆
☆

DIÁLOGO INFANTIL

I.- —Ambo ato, matarile rile rile,
ambo ato, matarile rile ron.
—Qué quiere usted, matarile rile rile
qué quiere usted matarile rile ron.
—Quiero un paje, matarile rile rile
quiero un paje, matarile rile ron.
—Qué paje quiere usted, matarile rile rile,
qué paje quiere usted matarila rile ron.
—Quiero a (María), fusilón pa meterla en un cajón.
—Con quién la va usted a casar, matarile rile rile,
con quién la va usted a casar, matarile rile ron.
—La casaremos con el demonio, matarile rile rile,
la casaremos con el demonio, matarile rileron.
—Eso no le gusta a ella, matarile rile rile,
eso no le gusta a ella, matarile rile ron.
—La casaremos con el principe, matarile rile rile,
la casaremos con el principe, matarile rile ron.
—Qué le va usted a regalar, matarile rile rile,
qué le va usted a regalar, matarile rile ron.
—Una corona de oro, matarile rile rile,
una corona de oro, matarile rile ron.
—Eso si le gusta a ella, matarile rile rile,
eso si le gusta a ella, matarile rile ron.
—Qué le va ella a regalar, matarile rile rile,
qué le va ella a regalar, matarile rile ron.
....
—Ahí la lleva usted con la pluma y el papel.

Popular en toda Andalucía.
Versión recogida en Antas (Almería).

II.- Yo tengo un castillo.

Canciones y juegos de los niños de Almería.
F. Castro, pag. 286.

III.- Burcio madán
(ambo ato)

F. Castro, pag. 288.

LOS MOZOS DE MONLEÓN

I.- Los mozos de Monleón
se fueron a arar temprano,
para ir a la corrida,
y remudar con despacio.
Al hijo de la viuda,
el remudo no le han dado.
—Al toro tengo de ir,
aunque lo busque prestado.
—Permita Dios, si lo encuentras,
que te traigan en un carro,
las albarcas y el sombrero
de los siniestros colgando.
Se cogen los garrochones,
marchan las navas abajo,
preguntando por el toro,
y el toro ya está encerrado.
....
Manuel Sánchez llamó al toro;
nunca lo hubiera llamado,
por el pico de una albarca
toda la plaza arrastrado;
cuando el toro la dejó
ya lo ha dejado muy malo.
—Compañeros, yo me muero;
amigos, yo estoy muy malo;

tres pañuelos tengo dentro,
y este que me meto son cuatro.
—Que llamen al confesor,
para que vaya a auxiliarlo.
No se pudo confesar
porque estaba ya expirando.
Al rico de Monleón
le piden los bueis y el carro,
pa llevar a Manuel Sánchez
que el torito le ha matado.
A la puerta de la viuda
arrecularon el carro.
—Aquí tenéis vuestro hijo
como lo habéis demandado.

Versión recogida por Federico García Lorca,
del cancionero “Salmantino”, de D. Ledesma.
O.C., Cantares Populares, pag. 660.

LOS MOZOS DE MONLEÓN

I.- Madre, deme usted la ropa
que me voy a la corría.
—La ropa no te la doy,
y a la corría no vas.
—A la corrida sí voy
aunque la busqué emprestá.
—Permita la Virgen pura
y la Virgen del Rosario
que si vas a la corría
que te traigan en un carro.
Ya viene Miguel García
de matar al toro bravo
y le ha dado una cornada
debajito del costado.
Ya lo llevan para arriba
y lo bajan para abajo.
—Aquí tiene usted a su hijo
que el torito lo ha matado.
—Bendita la Virgen pura
y la Virgen del Rosario
que ha sido mi maldición
que a mi hijo le ha alcanzado.

Recogido en un cortijo de Albuñol (Haza Mora),
de una mujer de 50 años.

La armonización de Lorca está hecha sobre la versión del "Cancionero Salmantino" de Ledesma.

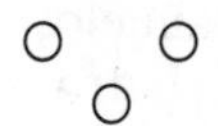

LA CAPEA DE LOS MOZOS DE MONLEÓN

I.- En la estación de Alicante
habita un aficionado
que quería ser torero
y matar al toro bravo.
—Madre deme usted la ropa
para irme a la corrida
a matar al toro bravo
y a hincar las banderillas.
—La ropa no te la doy
que a la corrida no vas.
—A la corrida he de ir
aunque la pida prestá.
—Permita Dios del cielo
y la Virgen del Rosario
que si a la corrida vas
que te traigan en un carro.
Ya ha ido Manuel García
a matar al toro bravo,
le ha metido una cornada
debajito del costado.
Ya le meten un pañuelo,
ya le meten el de cuatro,
y en la puerta de la Iglesia
no pudieron confesarlo.
De la iglesia a la camilla

y de la camilla al carro,
y en la puerta la viudita
allí pararon el carro.
—Buenos días, la viudita.
—No son ni buenos ni malos.
—Aquí tiene usted a su hijo
que ya puede amortajarlo.
—Válgame el Dios de los cielos,
también la Virgen de Gracia,
que esa fue la maldición
que le eché al salir de casa.

C.G.R.—0371
Versión de Melegís.
Edad de la informante: 53 años.

II.- Los mozos de Monleón
se fueron a arar temprano,
ay!, ay!
se fueron a arar temprano,
para dir a la joriza
y remudar con despacio,
ay!, ay!
y remudar con despacio

Cancionero de la S.F., pág. 150. De la región de León.

EL GUSANITO

Un gusanito me dijo
ayer tarde su querer,
no lo quiero hasta que tenga
dos alas y cuatro pies.

"El maleficio de la mariposa"
O.C., pag. 676.
....
La misma canción la cantan
los niños ahora en el Sacromonte (Granada).

A LA FLOR, A LA PITIFLOR

I.- Tengo los ojos puestos
en un muchacho,
delgado de cintura
moreno y alto.
A la flor,
a la pitiflor,
a la verde oliva...
a los rayos del sol
se peina mi niña.
En los olivaritos,
niña, te espero,
con un jarro de vino
y un pan casero.
A la flor... etc.

"Los títeres de la cachiporra"
O.C., pag. 759.

A LA FLOR, A LA PITIFLOR

I.- A la pon.
A la cachipón.
La niña del columpio
si se cayera,
que buena vueltecita
que se le diera.
Tengo los ojos puestos
en un muchacho,
estrecho de cintura,
moreno y alto.

"Cancionero y juegos de los niños de Almería",
F. Castro Guisasola. pag. 276.

II.- En los olivaritos,
niña, te espero,
con un jarro de vino
y un pan casero.

Canción de columpio de "mejeor" popular en Granada
y recogida por F. García Lorca.

III.- A la verde, verde,
a la verde verde oliva,
donde cautivaron
a las tres cautivas.

Romance popular en Andalucía
y citado por F. García Lorca como conocido por los dos hermanos.
"Federico y su mundo", pag. 13, "sólo nos llegaba —¿de dónde?—
un romancillo de cautivos".

A TIRA Y AFLOJA

I.- A tira y afloja
perdí mi dedal...
A tira y afloja
lo volví a encontrar.

"Los títeres de la cachiporra", pag. 757.

II.- Mi amante me aguarda
en el fondo del mar.
ARLEQUIN.
Mentira.
MUCHACHA.
Verdad.
Perdí mi deseo,
perdí mi dedal,
y en los troncos grandes
los volví a encontrar.
....
MUCHACHA.
Banderas de agua verde
los nombran capitán.
ARLEQUIN.
Mentira.

MUCHACHA.
Verdad.
Perdí mi corona,
perdí mi dedal,
y a la media vuelta
los volví a encontrar.
....
ARLEQUIN.
Tu amante verás
a la media vuelta
del viento y el mar.
MUCHACHA.
Mentira.
ARLEQUIN.
Verdad.

"Así que pasen cinco años", pag., 1109.

III.- En estas escenas se asocian recuerdos e impresiones de niñez cuya función en la obra no puede ser muy segura... En uno de ellos, relacionados con "la gallina ciega", se dice:

Perdí mi corona,
perdí mi dedal
y a la media vuelta
los volví a encontrar.

Al desgranar el poeta estos versos sobre el modesto módulo infantil, se despiertan en mi memoria otros juegos vagamente aludidos en el texto y casi perdidos en mi memoria. De algún modo se insinúan en estas escenas lejanas impresiones que dejaron su huella poética.

F. García lorca "Federico y su mundo", pag. 331.

☆ ☆
☆

A TIRA Y AFLOJA

I.- A la tira y afloja
perdí mi caudal.
A la tira y afloja
lo volví a ganar.
¡Tira!
¡Afloja!

Se juega con un pañuelo. Lo cogen entre cuatro por las puntas; uno de ellos señala una de las puntas y dice: ¡Tira!, o ¡Afloja! Hay que hacer lo contrario y, si no, se paga prenda. En F. Castro Guisasola, pag. 166.
Recogido también en Montefrío (Granada).

II.- Gallinita ciega,
¿qué se te ha perdido?
—Una aguja y un dedal.
—Da tres vueltas
(da media vuelta)
y los encontrarás.

Popular en Andalucía. Recogido por Castro Guisasola. pag. 169.

III.- Juegos llamado de "Verdad y mentira". Así lo explica el Grupos de Adarra Bizkai:—Dos grupos. Uno dice deprisa frases en las que se mezclan lo real con lo fantástico o lo equívoco y pregunta ¿verdad o mentira?
Al que pregunta debe contestar muy rápido. ¡Verdad! o ¡Mentira!. Si se equivoca para prenda.

"En busca del juego perdido" Cuadernos de Adarra. pag. 188.
Es popular en Antas (Almería).

EL ROMANCILLO DEL BORDADO

I.- A la verde, verde orilla
del olivarito está...
—Una niña bordando.
¡Madre! ¿Qué bordará?
—Las agujas de plata,
bastidor de cristal,
bordaba una bandera,
cantar que te cantar.
Por el olivo, olivo,
¡madre, quién lo dirá!
—Venía un andaluz,
bién plantado y galán.
—Niña, la bordadora,
mi vida, ¡no bordar!,
que el duque de Lucena
duerme y dormirá.
—La niña le responde:
"No dices la verdad:
el duque de Lucena:
me ha mandado bordar
esta roja bandera
porque a la guerra va."
—Por las calles de Córdoba
lo llevan a enterrar,
muy vestido de fraile
en caja de coral.

—La albahaca y los claveles
sobre la caja van,
y un verderol antiguo
cantanto el pío pa.
—¡Ay duque de Lucena,
ya no te veré más!
La bandera que bordó
de nada servirá.
En el olivarito
me quedaré a mirar
cómo el aire menea
las hojas al pasar.
—Adios, niña bonita,
espigada y juncal,
me voy para Sevilla,
donde soy capitán.
—Y a la verde, verde orilla
del olivarito está
una niña morena
llorar que te llorar.

"Mariana Pineda". Estampa segunda. O.C., pag. 822.

EL ROMANCILLO DEL BORDADO

I.- A la verde, verde,
a la verde oliva.

Romance de las tres cautivas. Popular.

II.- Estando una niña
bordando almohadas,
con agujas de oro,
dedales de plata.

Romance de Elenita. Popular en Andalucía
y "Cancionero de la S.F.", pag. 459.

III.- ....
Marianita se fue
"pa" su casa,
la bandera se puso a bordar.
—Si Pedrosa me viera bordando
la bandera de la libertad.

Romance de Marianita Pineda.
Popular en Granada.

IV.- Mambrú se fue a la guerra
....
Con la caja de oro,
qué dolor, qué dolor, qué pena.
Con la caja de oro
lo llevan a enterrar.
Encima de la tumba
qué dolor, qué dolor, qué pena.

Encima de la tumba
tres pajaritos van.
Cantando el pío, pío,
qué dolor, qué dolor , qué pena.
Cantando el pío, pío,
cantando el pío, pa.

Versión de F. Castro Guisasola,
"Cancionero y juegos de los niños de Almería". pag. 315.

V.- A los olivaritos
voy por las tardes,
a ver cómo menea
la hoja el aire.
En el olivarito,
niña, te espero
con un jarro de vino
y un pan casero.

Canciones de mecedor. F. García Lorca, "Federico y su mundo". Populares en Granada.

VI.- Grandes guerras se publican
....
Se retiró a su aposento,
llora que te llorarás;

Romance de la doncella que fue a la guerra. Popular en Andalucía.
Cancionero de la S.F.

VII.- Anda que te andarás...

Expresión convencional usada en cuentos infantiles,
especialmente los de tradición oral.

A.B.C.D.

A.B.C.D.
¿Con qué letra me quedaré?
Marinero empieza con M,
y Estudiante empieza con E.,
A, B, C, D.

Teatro breve. "La Doncella, el Marinero y el Estudiante"
O.C., 1986. Tomo II, pag. 283.

A.B.C.D.

I.- Mis carneros se han escapado,
pero mi perro los ha encontrado.
A.B.C.D.,
id a esconderos
que aún puedo veros.

Cancioncilla para sortear.
"Juegos, más de mil para todo lugar", P. Lequeux, pag. 94.

II.- El nombre de María,
que cinco letras tiene:
con la M,
con la A,
con la R,
con la I,
con la A,
MA-RI-A.

Canción de comba, popular en toda Andalucía.

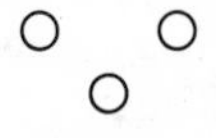

MARIPOSA DEL AIRE

NIÑO.
(En voz baja y como encantando a la mariposa, canta)
Mariposa del aire,
qué hermosa eres,
mariposa del aire
dorada y verde.
Luz del candil,
mariposa del aire,
¡quédate ahí, ahí, ahí!...
No te quieres parar,
pararte no quieres.
Mariposa del aire,
dorada y verde.
Luz de candil,
mariposa del aire,
¡quédate ahí, ahí, ahí!
¡Quédate ahí!
Mariposa, ¿estás ahí?

ZAPATERA.
Síiií.

"La Zapatera Prodigiosa" O.C., pag. 936.

MARIPOSA DEL AIRE

I.- Mariposa,
cara de rosa,
luz del candil,
Mariposa:
¿estás ahí?

Recogido en La Peza (Granada).

II.- Mariposa, mariposa,
toda vestida de rosa.
A la luz del candil,
mariposa ¿estás aquí?
¡Sí!
¿Cuántos camisones has cosido?
¡Uno!
Daremos la media vuelta,
daremos la vuelta entera,
que tú te quedarás dentro
y yo me quedaré fuera.

"Canciones y juegos de los niños de Almería"
F. Castro Guisasola. pag. 228.

UNA ONZA DE ORO, UNA ONZA DE PLATA

I.- Cristóbal.

Una onza de oro
de las que cagó el moro,
una onza de plata
de las que cagó la gata,
y un puñado de calderilla
de las que cagó su madre cuando era chiquilla.

Cristóbal.

Y usted es una vieja
que se limpia el culito con una teja.

"Retablillo de Don Cristóbal", pag. 1029.

II.- Niño

Yo también iba, ¡ay! gata chata, barata,
naricillas de hojalata.

"Así que pasen cinco años", pag. 1064.

UNA ONZA DE ORO, UNA ONZA DE PLATA

(Retahílas infantiles)

Mi papá me ha comprado un anillo de oro:

I.- ¡Sí!, de oro,
del que cagó el moro,
de plata de la que cagó
la gata.

Retahíla de burlas. Popular en Andalucía.

II.- Chata, barata, naricillas de hojalata.

Retahíla de burlas. Popular en Andalucía.

III.- Vieja, revieja,
que te limpias el culo con una teja.

Retahíla de burlas. Antas (Almería).

IV.- -¿Qué es esto?
-Puño.
-¿Y esto?
-Puñete.
-¿Y esto?
-Arqueta.
-¿Qué tiene dentro?
-Oro y plata.
-¿Por dónde mea?
-Por la chimenea.

-¿Por dónde caga?
-Por la garrapata.
-El que ría, paga.

Juego del pompuñete. "Canciones..."
F. Castro Guisasola, pág. 151.

V.- San Juan de Villacarrillo
mató a un chiquillo
con un ladrillo
mató a una vieja
con una teja,
mató a un civil
con un candil.

Canción para "echar china". Motril (Granada).

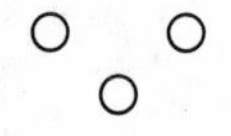

EL VITO, VITO, VITO

I.- Con el vito, vito, vito,
con el vito que me muero,
cada hora, niño mío,
estoy más metida en fuego.

"Retablillo de Don Cristóbal"
pág. 1031.

II.- IRENE

Con el vito, vito, vito,
con el vito, vito, va.

"La niña que riega la albahaca", O.C., 1986. Tomo II, pág. 65.

EL VITO, VITO, VITO

Con el vito, vito, vito,
con el vito, vito, va,
no me mires a la cara
que me pongo colorá.
Una malagueña fue
a Sevilla a ver los toros
y en la mitad del camino
la cautivaron los moros.
Con el vito, vito, vito,
con el vito, vito, va.
....

Letra de "El Vito", baile popular en Granada.

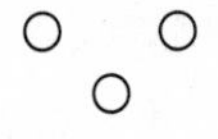

YO ME QUERÍA CASAR

ROSITA.

Yo me quiero casar
con un mocito,
con un militar,
con un arzobispo,
con un general,
con un macanudo,
de macanear
y veinte mocitos
de Portugal.

"Retablillo de Don Cristóbal", O.C., pag. 1033.

YO ME QUERÍA CASAR

I.- Yo me quería casar,
yo me quería casar
con un mocito barbero
con un mocito barbero,
y mis padres me querían,
y mis padres me querían
monjita del monasterio
monjita del monasterio.

Canción de rueda. Antas (Almería).
Versión completa en el Cancionero de S.F. pag. 482.

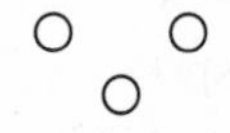

EL RATONCITO PÉREZ

I.- Es el cuento popular de la Cucarachita y el Ratoncito Pérez. La cucarachita se encontró un chavico, se compró un lazo y se sentó en la puerta. Pasan distintos animales y todos le preguntan:

-Cucarachita, cucarachita,
¿te quieres casar conmigo?
-¿Y a las doce de la noche,
qué me harás?
-Te haré guau, guau, guau.
-No, que me asustarás.

Hasta que pasa el Ratoncito Pérez y se casa con ella.

Popular en toda Andalucía.

II.- A.R. Almodóvar recoge este mismo cuento, pero es una hormiguita la protagonista. Versiones modernas la convierten en una "ratita presumida". Lorca conoció las versiones más tradicionales. Tal vez tenga una de ellas en cuenta en "El maleficio de la Mariposa".

"Cuentos al amor de la lumbre", Almodovar.
Tomo II, n.º 129 "La Hormiguita", pag. 537.

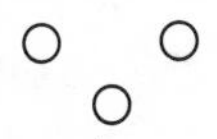

...Y EN LA FLOR UNA OLIVA

NIÑO.

Apagado va el cielo.
Sólo mares y montes de carbón,
y una paloma muerta por la arena
con las alas tronchadas y en el pico una flor.
(Cantan)
Y en la flor una oliva,
y en la oliva un limón...

"Así que pasen cinco años", O.C., pag. 1068.

...Y EN LA FLOR UNA OLIVA

I.- Una paloma blanca
que del cielo bajó,
con las alas tronchadas
y en el pico una flor,
y en la flor una oliva
y en la oliva un limón,
vale más mi morena
que los rayos del sol.

Recogida en Antas (Almería).

II.- Una israelita
que del cielo bajó,
con las alas trochadas
y en el pico una flor,
de la flor salió una rosa,
de la rosa un clavel,
del clavel salió una niña
que se llama Isabel.

Versión recogida en Molvízar (Granada).

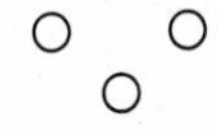

CON UN CUCHILLO

MADRE.

Vecinas: con un cuchillo,
con un cuchillo,
en un día señalado,
entre las dos y las tres,
se mataron los dos hombres del amor.
Con un cuchillo,
con un cuchillito

....

NOVIA.

Y esto es un cuchillo,
un cuchillito
que apenas cabe en la mano;

....

"Bodas de Sangre", O.C., pag. 1271.

Día veintisiete de agosto
con un cuchillo de oro.

....

La cruz. No llorad ninguna,
El Amargo está en la luna.

"Canción de la madre del Amargo"
O.C., pag. 341.

CON UN CUCHILLO

Santa Teresita,
hija de un rey moro,
la mató su padre
con cuchillo de oro.
No era de oro,
ni era de plata,
que era un cuchillito
de pelar patatas.
Pom, pom, llaman a la puerta,
pom, pom, yo no salgo a abrir,
pom, pom, que será la muerte,
pom, pom, que viene a por mí.

Versión recogida en Huéscar (Granada).
Canción infantil. Romance n.º 0126 del C.G.R.

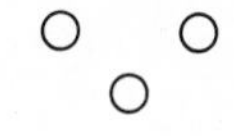

¿POR QUÉ DUERMES SOLO, PASTOR?

I.- ¿Por qué duermes solo, pastor?
¿Por qué duermes solo, pastor?
En mi colcha de lana
dormirías mejor.
¿Por qué duermes solo, pastor?

"Yerma" O.C., pág. 1295.

¿POR QUÉ DUERMES SOLO, PASTOR?

I.- Pastor que estás enseñado
a dormir en la retama,
si te casaras conmigo
durmieras en buena cama.

Cancionero leonés. Recogido en el "Cancionero de la S.F.", pag. 166.

II.- Pastor que estás avezado
a dormir en la retama,
si te casaras conmigo,
tendrías gustosa cama.

Canción de una gentil dama y un rústico pastor.
"Flor Nueva de Romances viejos". Menéndez Pidal.
N.º 0191 del C.G.R. pag. 237.

III.- Otra versión recogida en el Cancionero de Asturias
de E. Martínez Torner, que conocía F. García Lorca.

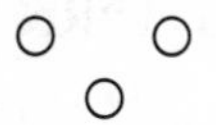

DELGADINA

I.- "Ahí estuvo emparedada mucho tiempo la infanta Doña Urraca por orden de su padre"..."Pero ¿por qué?... Y el señor acompañante no lo sabe decir.

Tiene esto perfume de cuento de niños. Una infantina medieval emparedada por su padre...¿Sería por amor tal vez?...

Covarrubias. "Impresiones y Paisajes"
O.C., pag. 1555.

II.- Algún verso del de Delgadina, mínimamente transformado, pasa al "Romance Sonámbulo".

F. García Lorca. "Federico y su mundo".
pag. 423.

DELGADINA

I.- Rey moro tenía una hija
más hermosa que oro y plata;
un día estando a la mesa
su padre la remiraba.
-Padre, ¿qué me mira usted?
-Hija, no te miro nada,
es que bajas la cabeza
como una recién casada.
....
Al cabo de unos tres meses
se ha asomado a una ventana,
ha visto a sus dos hermanas,
que estaban bordando en plata.
-Hermanas, por ser hermanas,
por Dios, una gota de agua.
-Yo te la diera, mi vida,
yo te la diera, mi alma.
....

Romance tradicional en Andalucía.
Versión del "Cancionero de la S.F.", pág. 466.
N.º 0075 del C.G.R.

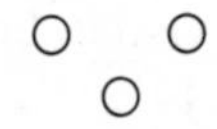

HACEN ASÍ...

"Y a Federico le divertía descubrir cómo los compases que determinan los movimientos cómicos y rítmicos de una entrada subrepticia del Corregidor en escena provenían (no lo decía don Manuel) de la melodía imitativa de un juego infantil que nosotros conocíamos:

Hacen así,
así las lavanderas,
así, así, así.
Hacen así,
así las planchadoras,
así, así, así.

Era un juego de niños que oíamos un Valderrubio".

Francisco García Lorca. "Federico y su mundo".
pag. 122

HACEN ASÍ...

I.- San Serení
de la buena, buena vida.
San Serení
de la buena, buena sí.
Así hacen los zapateros,
así me gusta a mí.
Asi hacen las costureras,
así me gusta a mí.
Etc., etc.

"Canciones y juegos de los niños de Almería"
pag. 296.

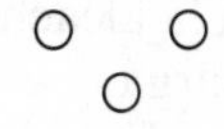

LAS CERRAJERÍAS

I.- Macacafú, macacafú,
macacafú, macacafú, margá.
Si te gusta comer a la pimén,
si te gusta comer a la tomá,
si te gusta comer a la alcacho, fa, fa.
Chibirí, chibirí, margá.
Chimpón, polaví, polaví, polaví,
popipolipón, chimpón.
Manguanguay de la vida culinay,
que manguanguay, que manguanguay;
manguanguay de la vida culinay,
que manguanguay, macacafú.
Eme a: ma.
Eme e: ma-me.
Eme i: ma-me-mi.
Eme o: ma-me-mi-mo.
Eme u: ma-me-mi-mo-mu.
Macacafú.

"Cerrajería" del ciego Zapata, citada por F. García Lorca.
"Federico y su mundo", pag. 131.

II.- FÍGARO.

Hoy espero la gran visita.

CANSA ALMAS.

¡Que vi-! ¡Que vi-!

FÍGARO.

Don Cristobita viene; don Cristobita, el de la porra.

CANSA ALMAS.

¿No te pare-? ¿No te pare-?

FÍGARO.

¡Sí, sí! ¡Claro!

"Tragicomedia de don Cristóbal", F.G.L.
pag. 317 y O.C., 1986, pag. 137.

LAS CERRAJERÍAS

I.- Be a ene: ban.
Be e ene: ben.
Be i ene: bin.
Be o ene: bon.
Be u ene: bun.
Ban, ben, bin,
ban, ben, bin,
bon, bun.

Recogida en Almería, en 1930, de un informante de 50 años.

II.- Afrucacay, afrucacay,
chibirí, chibirí, guaguay, ua, uay.
No me la das con queso,
no me la des con guay,
ua, cacaua,
cacaua, ua, ua.

Recogida en Garrucha (Almería).

III.- Macarrón, macarrón chifá,
chiriví macá,
ni ustéd, ni ustéd,
pararí tití,
ni ustéd, ni ustéd,
patatí tití,
arrebaté con güé
achivirí,
arrebaté con güé.

Retahila infantil recogida en Granada.
Se utiliza para rifar un objeto.

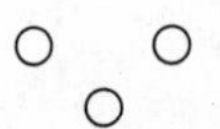

EL SOMBRERO Y LA CINTA

I.- ¡Ay qué trabajo me cuesta
quererte como te quiero!
Por tu amor me duele el aire,
el corazón
y el sombrero.
¿Quién me compraría a mí
este cintillo que tengo
y esta penita de hilo
blanco , para hacer pañuelos?
¡Ay qué trabajo me cuesta
quererte como te quiero!

"Es verdad". Canciones. O.C., pag. 380.

II.- ¡Ay muchachos! ¡Ay muchachas!
¿Quién me compra hilo negro?

"Mariana Pineda" O.C., pág. 849.
Canción del "Contrabandista", original de Manuel García, 1908.

EL SOMBRERO Y LA CINTA

I.- Aquel sombrero de monte
hecho con hojas de palma.
¡Ay!, ¡ay!, ¡ay!,
que me la lleva el río,
¡ay!, ¡ay!, ¡ay!,
que me la lleva el agua.
Lo siento por una cinta
que le puse colorada.
¡Ay!, -ay!, !ay!,
que me la lleva el río,
!ay!, !ay!, !ay!,
que me la lleva el agua.

"Cancionero de la S.F." Canción castellana. pag. 113.

II.- La cinta, la cinta,
la del delantal,
la cinta no vendo
que a mí me está.
Si usted la quiere comprar,
yo no la quiero vender.
....
Trencilla y cordón,
cordón de Italia.
Dónde irás, amor mío,
que yo no vaya.

"Cancionero Popular de Burgos". F. Olmeda.

III.- De la media fortuna
tengo un sombrero,
como la mi morena
la cinta el pelo.

No le daba el sol,
que le daba la luna,
no le daba el sol
de la media fortuna.
De la media fortuna
tengo un cariño,
que me compra alfileres
para el corpiño.

"Cancionero de la S.F." Asturias.
Pag. 62.

IRENE

A IRENE GARCÍA
(Criada)

I.- En el soto
los alamillos bailan
uno con otro.
Y el arbolé,
con sus cuatro hojitas
bailan también.
¡Irene!
Luego vendrán las lluvias
y las nieves.
Baila sobre lo verde.
Sobre lo verde verde
que te acompaño yo.
¡Ay cómo corre el agua!
¡Ay mi corazón!

"A Irene García" Canciones. O.C., pag. 388.

II.- NEGRO:

Irene, niña. ¿Quieres salir?
¡Irene!
Niños, ¡¡¡La llamamos todos!!!
¡¡¡I-re-ne!!!
¡¡¡I - re - ne!!!

....

PRÍNCIPE:

¡Irene! ¡Luego vendrán las lunas
y las mieles!

....

NIÑA: Irene... García.
"La niña que riega la albahaca
y el Príncipe preguntón".

O.C., 1986. Tomo II, pag. 62.

IRENE

I.- A los prados del Rey
vas, Irene.
¡Qué serenita cae la nieve!
Tanto ha llovido,
que hasta los naranjales
han florecido.
Pino verde.
¡Qué serenita cae la nieve!

II.- Tres hojitas, madre,
tiene el arbolé:
la una en la rama,
las dos en el pié,
las dos en el pié,
las dos en el pié.
Inés, Inés, Inesita, Inés.
Dábale el aire, meneábanse,
dábales el aire, jaleábanse,
jaleábanse, jaleábanse.
Inés, Inés, Inesita, Inés.
Arbolito verde secó la rama,
debajo del puente retumba el agua,
retumba el agua, retumba el agua.
Inés, Inés, Inesita, Inés.

Cancionero de la S.F.
Cancionero de Asturias. pag. 50.

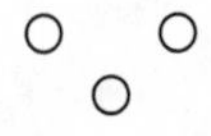

ESTO ERA...

Esto era lo que era
Colomera en una era
y Moclín en un cerro.

Así se introducían en la Vega los cuentos infantiles
según F. García Lorca.
"Federico y su mundo", pag. 356.

TAN, TAN. ¿QUIÉN ES?

I.- Tan, tan.
¿Quién es?
El Otoño otra vez
¿Qué quiere de mí?
El frescor de tu sién.
No te lo quiero dar.
Yo te lo quitaré.
Tan, tan.
¿Quién es?
El Otoño otra vez.

"Canción". Otros Poemas Sueltos.
O.C., 1986, pag. 1056.
"Cómo canta una ciudad de noviembre a noviembre"
F.º G. Lorca, Federico y su mundo, pag. 482.

TAN, TAN. ¿QUIÉN ES?

I.- -Tan, tan
-¿Quién es?
-El ángel con la cruz a cuestas.
-¿Qué quiere el ángel?
-Una fruta.
-¿Qué fruta?
-La pera.
....
-Tan, tan.
-¿Quién es?
-El demonio pinchando papas.
-¿Qué quiere el demonio?
-Una fruta.
-¿Qué fruta?
-La naranja.

Juego del Angel y el Demonio,
"Canciones y juegos de los niños de Almería",
F.C. Guisasola, pag. 161.

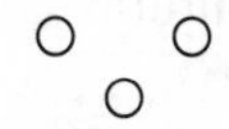

VECINITAS

I.- Vecinas, dadme una jarra
de azofar con limonada.

Canción de la madre del Amargo.
"Poema del Cante Jondo" O.C., pag. 342.

II.- ....
Vecinitas, les dije,
¿dónde está mi sepultura?

Canción. "Primeras Canciones" pag. 354.

III.- Vecinas: Con cuchillo,
con un cuchillo,
en un día señalado,
entre las dos y las tres,
se mataron los dos hombres del amor.

"Bodas de Sangre", O.C., pag. 1271.

VECINITAS

I.- Vecinita, ¿tienes lumbre?
-En aquella casa enzumbe.

Juego de “Las cuatro esquinas”.
Antas (Almería).

II.- Vecinica,
¿ha vista usted a mis pollicos?
-Por el río abajo van.

Recogido por Ana Pelegrín.
“Cada cual que atienda a su juego”, pag. 62.

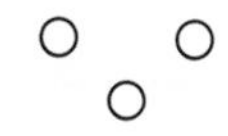

EL TRAJE DE COLA

I.- ¿Quién dirá, mi niño,
lo que tiene el agua
con su larga cola
por su verde sala?

(Bodas de sangre) O.C., pag. 1184.

II.- Dile a Teresita que le voy a contar el cuento de la gallinita con traje de cola y sombrero amarillo.

(Carta a Jorge Guillén) O.C., pag. XXII.

III.- Los días de fiesta
van sobre ruedas.
....
Sus tardes son largas colas
de moaré y lentejuelas.

(Canciones) "Tio-vivo", O.C., pag. 361.

IV.- TIERRA
Las niñas de la brisa
van con sus largas colas.

"Canciones". Friso. O.C., pag. 365.

☆ ☆
☆

EL TRAJE DE COLA

I.- Duérmete Natacha
e irás a la boda
vestida de novia
con traje de cola.

(Las Canciones de Natacha. Juana de Ibarbouro)

II.- Era un juego muy popular entre las niñas, antes de la guerra, sacar los trajes de la abuela del baúl, y "vestirse de cola".

III.- Cu-cú, cantaba la rana,
cu-cú, debajo del agua,
cu-cú, pasó un caballero,
cu-cú, de capa y sombrero,
cu-cú, pasó una señora,
cu-cú, con falda de cola;
....

Canción infantil, popular en toda Andalucía.
Versión tomada de la "Antología de la Literatura Infantil"
de C. Bravo Villasante, Doncel, 1966. Tomo II, pag. 88.

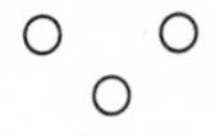

EL UVATERO

PRÍNCIPE.-

(Viene disfrazado de vendedor de uvas).
Uva, uvita... Vendo uva, uvita.

IRENE.-

¡Ay! ¡Quién pudiera comprarlas!

PRÍNCIPE.-

Uva, uvita, cambio uvas por besos, morenita.

IRENE.-

¿Así que tú cambias uvas por besos?

....

PRÍNCIPE.-

(Se va cantando) Uva, uvita...

....

IRENE.-

Mi príncipe preguntón...
¿Cuántas estrellitas tiene el cielo?

PRÍNCIPE.-

Niña... Niña...
¡¡Los besos que le diste al uvatero!!

"La niña que riega la albahaca y el Príncipe preguntón", O.C., 1986. Tomo II, pág. 65.

EL UVATERO

—Traigo uvas de vender, de uvaleteo,
traigo uvas de vender, de uveleá.
—¿A cómo las vende usted, de uveleteo?
¿A cómo las vende usted, de uveleá?
—A cuarenta y cinco reales, de uveleteo,
a cuarente y cinco reales, de uveleá.
—Pues que pase la cadena, de uveleteo,
pues que pase la cadena, de uveleá.
—La cadena está pasando, de uveleteo,
la cadena está pasando, de uveleá.
Pun, chin, fuego,
la lata que s'esfarata.

Canción infantil, recogida en Zagra (Granada).

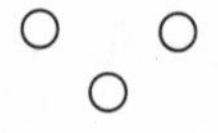

ÁBRETE SESAMO

I.- Ábrete, sésamo
del día.
Ciérrate, sésamo
de la noche.

"Venus", Noche. Poemas Sueltos.
O.C., 1986. Tomo I, pag. 728.

II.- Yo me pierdo en tu bosque
gritando: ¡Ábrete, sésamo!
¡Seré niño! gritando:
¡Ábrete, sésamo!

"Cerezo en flor". Poemas Sueltos, 1986, pag. 733.

Se trata del conjuro usado por Alí Babá en el cuento infantil "Alí Babá y los cuarenta ladrones", para abrir y cerrar la cueva donde éstos se escondían.

ZAPATERO TERO TERO

I.- Zapatero, tero, tero,
¡clava la lezna en el agujero!

"La niña que riega la albahaca y el príncipe preguntó"
O.C., 1986. Tomo II, pag. 61.

II.- UN GRANUJA
¡Zapatero, tero, tero,
mete la lezna
por el agujero!

"Tragicomedia de don Cristóbal".
O.C., 1986, pag. 137.

ZAPATERO TERO TERO

I.- Zapatero remendero,
que mete la aguja
por el agujero.
Que ya la ha metido,
que ya la ha sacado,
que da la media vuelta
y el coche en la puerta.

Juego infantil recogido en Fuentevaqueros (Granada)

II.- Zapatero, zapatero,
zapatero remendón,
tengo rotos los zapatos
por la suela y el tacón.

Retahilas de burlas infantiles.

III.- -¿Qué hacéis zapatero mocoso?
-Señora, coso, coso.

"Antigua lírica popular hispánica"
M. Frenk, pag. 560.

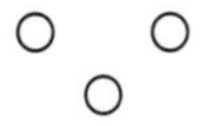

...QUE VENGO HERIDO

I.- PRÍNCIPE

¿No quiere salir? ¿Por qué (soy de) amor herido?
Herido de amor, herido.
Herido, muerto de amor.
....
¡Ay, amor que vengo muy mal herido,
herido de amor, herido,
herido, muerto de amor!

"La niña que riega la albahaca...".
O.C., 1986. Tomo II, pag. 66.

II.- PERLIMPLÍN

Amor, amor
que estoy herido.
Herido de amor huido;
herido,
muerto de amor.
Decid a todos que ha sido
el ruiseñor.
....

Cógeme la mano, amor,
que vengo muy mal herido,
herido de amor huido,
¡herido!
¡muerto de amor!

"Amor de don Perlimplín...".
O.C., 1986. Tomo II, pag. 481.

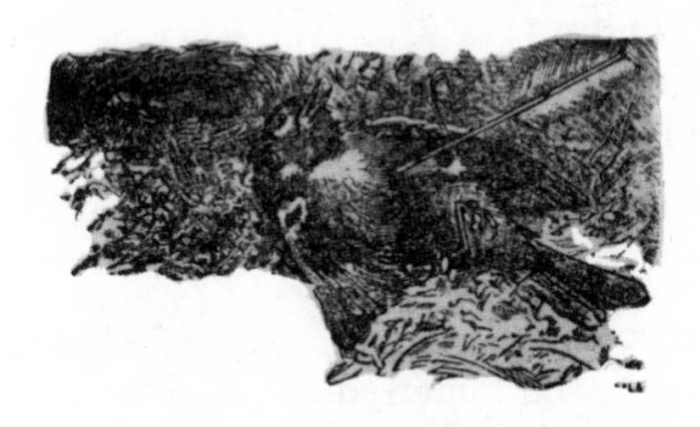

...QUE VENGO HERIDO

I.- Abre ma portiño,
cerra m'o postigo,
da m'o teu lenciño,
¡ay! meu ben,
que veño ferido.
Pois si ves ferido
ves a mala hora,
qu'as miuhas portiñas,
¡ay! meu ben,
non s'abren agora.

"Romance de ciego", del Museo Arqueológico
de Pontevedra, Cancionero Musical Español,
Felipe Pedrell. Tomo I, n.º 47, pag. 41.

II.- Enbiárame mi madre
por agua a la fonte fría:
vengo del amor ferida.

"Cancionero de Évora".
N.º 56, M. Frenk, pag. 151.

III.- Vengo mal ferido,
ferido vengo,
ferido me han
amores que tengo.

"Cancionero sevillano".
M. Frank, pag. 271.

IV.- Por aquella ventana
que cae al río
échame tu pañuelo
que vengo herido.
Por aquella ventana
que cae al huerto
échame tu pañuelo
que vengo muerto.
Por aquella ventana
que cae al agua
échame tu pañuelo,
se me va el alma.

"Cómo canta una ciudad de noviembre a noviembre".
O.C., tomo III, pag. 319.

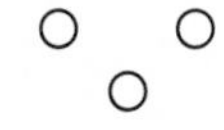

EL PAÑUELO BORDADO

I.- Mi amante siempre se baña
en el río Guadalquivir,
mi amante borda pañuelos
con la seda carmesí.

"Tragicomedia de don Cristóbal".
O.C., tomo II, pag. 119.

EL PAÑUELO BORDADO

I.- A la vora del mar
n‘hi ha una doncella,
n‘hi ha una doncella,
que‘n brodava un mocador,
n‘es per la reina,
....
quén ne fon a mig brodar
l‘hi‘n manca seda,
veu venir un mariner
qu‘una nau mena.
-Mariner, bon mariner,
¿que‘n porteu seda?
-¿De quin color la voleu,
blanca o vermella?
-Vermelleta la vull yo
que‘s millor seda.
-Pegeu a dalt de la nau,
triareu d‘ella.

"Romance del mariner".
Cancionero de S.F., pag. 213.

II.- A la orilla de la mar
se entretenía
una doncella,
un pañuelito en bordar
tan rico que era,
....
Cuando estaba a la mitad,
la doncellita
se daba cuenta,
de que para terminar
el pañuelito
faltaba seda.

Ve venir un marinero
y le pregunta
si trae seda.
-Sí la trigo, doncellita,
¿cómo la quieres,
blanca o bermeja?
-Encarnada la prefiero,
marinerito,
que es el más bella.
-Encarnada la tendrás
pues es tu gusto,
linda doncella.

"Canción de la Doncella".
Cancionero de la S.F., pag. 457.

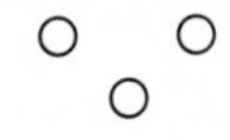

UN PÁJARO EN LA "ALAMEA"

I.- MOZO 2.º

¿Por qué lloras? Levántate y que se te importe poco que un pájaro en la arboleda se pase de un árbol a otro.

"Tragicomedia a don Cristóbal".
O.C., 1986. Tomo II, pag. 121.

UN PÁJARO EN LA "ALAMEA"

I.- "Los andaluces rara vez nos damos cuenta del medio tono... Y cuando por rara excepción lo usa dice:

A mi se me importa poco
que un pájaro en la "alamea"
se pase de un arbol a otro.

Aunque en este cantar, por su sentimiento, aun cuando no por su arquitectura, yo noto una acusada filiación asturiana".

"El cante jondo".
O.C., 1986. Tomo III, pag. 206.

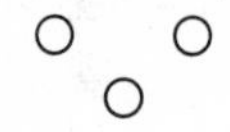

LA CRUZ

I.- MADRE.

La cruz, la cruz.

MUJERES.

Dulces clavos
dulce cruz
dulce nombre
de Jesús.

NOVIA.

Que la cruz ampare a muertos y vivos.

"Bodas de Sangre".
O.C., pag. 1271.

II.- La cruz. ¡Y vamos andando!
Era moreno y amargo.

"Canción de la madre del Amargo".
O.C., pag. 342.

LA CRUZ

I.- Dulces clavos,
dulce cruz,
dulce nombre
de Jesús.

Oración que se repite en los Vía Crucis
tradicionales. Antas (Almería).

II.- María Magdalena
bajó al río
....
Se arrodilló,
se levantó,
besó la cruz.
A la media cruz
a la cruz entera,
a la media vuelta
y a la vuelta entera.

Ana Pelegrín. "Cada cual que atienda a su juego", pag. 102

III.- Otras versiones de este mismo juego de pelota se
pueden oír en Granada.

IV.- A la Santa Cruz
donde murió Cristo
a todos pregunta
que si la han visto.

"El folklore frexnense", pag. 27.

CARA DE LEOPARDA

I.- Bernarda,
cara de leoparda.
Magdalena,
cara de hiena.

Ni tú ni yo queremos dormir;
la puerta sola se abrirá
y en la playa nos meteremos
en una choza de coral.

"La casa de Bernarda Alba"
O.C., pag. 1523.

CARA DE LEOPARDA

I.- Antoñito,
cara de huevo frito.
Isabel,
cara de papel.
Manolo,
cara de mono.

Retahilas de burlas infantiles.

II.- A la nana, niño mío,
a la nanita y haremos
en el campo una chocita
y en ella nos meteremos.

Canción de cuna tradicional en Andalucía.

III.- A la nana, nana, nana,
a la nanita le haremos
una chocita en el campo
y en ella nos meteremos.

Canción que se oye al comenzar "Yerma".

IV.- Cara de perro,
que no tiene dinero.

R. Caro, "Días geniales".
Tomo II, pag., 188.

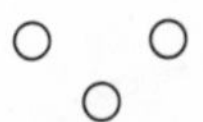

TE MATO A TI

¡Don Perlimplín,
marido ruin!
Como le mates,
te mato a tí.

"Amor de Don Perlimplín con Belisa".
O.C., pag. 1016.

TE MATO A TI

A carne humana
huele aquí,
como no me la des
te mato a tí.

Del cuento popular “Los tres pelos del diablo”.

ESTRELLITA DE ORO

I.- Yo te miré a los ojos
cuando era niño y bueno.
Tus manos me rozaron
y me diste un beso.
....
En mi cuarto sollozaba
como el príncipe del cuento
por Estrellita de Oro
que se fue de los torneos.

"Madrigal". Libro de Poemas, O.C., pag. 265.

ESTRELLITA DE ORO

...La muchacha hizo cuanto le había dicho la viejecita. Cuando levantó la cabeza para mirar al cielo, se le puso una estrellita de oro en la frente... Pero la genta ya le decían "Estrellita de Oro" ...Poco tiempo después se empezó a celebrar en el palacio del rey un gran baile que iba a durar tres noches... El principe se enamoró de Estrellita de Oro y le pidió que se casara con él. Pero Estrellita de Oro le dijo que ya le contestaría, porque era muy tarde y tenía que irse. Estrellita de Oro aprovechó un descuido y desapareció...

El principe se puso muy triste y publicó un bando diciendo que se casaría con la que fuera dueña del zapato.

"Estrellita de Oro", Cuentos al amor de la lumbre.
A.R. Almodóvar, Anaya, 1984. Tomo I, pag. 197.

Es el cuento de "Cenicienta", aunque tal denominación no se da en los cuentos populares españoles, según Almodóvar.

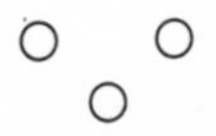

PULGARCITO

I.- En la hoja
de rosa
de la tierra
paso bajo la ideal selva,
Pulgarcito sin cuento,
ni deseo.

"Sueños", Poemas Sueltos.
O.C., 1986, pag. 525.

PULGARCITO

Hace referencia Lorca al popular cuento infantil.

ANDA QUE TE ANDARÁS

I.- Culebras de las fuentes
 do-re-mi
¡cantar que te cantar!
 do-re-fa.

"Memento". Poemas Sueltos.
O.C., 1986, pag. 756.

II.- A la verde verde orilla
del olivarito está
una niña morena
llorar que te llorar.

Mariana Pineda. O.C., pag. 822.

ANDA QUE TE ANDARÁS

I.- Utiliza Lorca la fórmula expresiva usada en muchos cuentos infantiles tradicionales:

Anda que te andarás...

LAS PALOMICAS VIENEN Y VAN

I.- ¡Alto pinar!
Cuatro palomas por el aire van.
Cuatro palomas
vuelan y tornan.
Llevan heridas
sus cuatro sombras.
¡Bajo pinar!
Cuatro palomas en la tierra están.

"Cazador", Canciones, O.C., 1986, pag. 284.

LAS PALOMICAS VIENEN Y VAN

I.- Las palomicas del palomar
ellas se vienen y ellas se van.

"Cancionero recogido de varios poetas
del buen tiempo" n.º 198.

II.- De las palomitas d'este Pilar
la una se queda si la otra se va.

"Justa poética...
por el Licenciado Juan Bautista Felices de Cáceres,
Zaragoza, 1629, pag. 134.

III.- Tres palomas blancas
volan, vienen y van,
que por el amor van.

Folklore sefardí, Martínez Ruiz.
Alcazarquivir, n.º 14.

Datos tomados del "Corpus de la Antigua Lírica popular Hispánica", Margit Frenk, Castalia, 1987, pag. 1006.

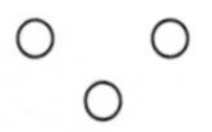

LA UNA ERA EL SOL...

I.- Por las ramas del laurel
vi dos palomas oscuras.
La una era el sol,
la otra la luna.
Vecinitas, les dije,
¿dónde está mi sepultura?
En mi cola, dijo el sol.
En mi garganta, dijo a luna.

"Canción", Primeras Canciones.
O.C., 1986, pag. 267.

LA UNA ERA EL SOL...

I.- De dos hermanas que estáis
sin diferencia ninguna,
la una es como el sol
y la otra la luna.
Encarnación primorosa,
no se lo digas al cura,
que en el hoyo de tu barba
allí está mi sepultura.
María, paloma mía,
las palomas son del rey
....

Coplas cantadas en Loja (Granada).

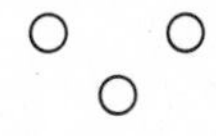

ROMANCE DE LA LUNA, LUNA

La luna vino a la fragua
....
Si vinieran los gitanos,
harían con tu corazón
collares y anillos blancos.
....
El aire la vela, vela.
El aire la está velando.

Romance de la luna, luna. "Romancero gitano"
O.C. pag. 425.

ROMANCE DE LA LUNA, LUNA

I.- Tengo una choza en el campo.
Tengo una choza en el campo.
El aire la vela vela,
el aire la está velando.

II.- Llevan los molineros
ricos collares
de la harina que roban
de los costales.

Cancionero de la S.F., pag. 89.

Ambas canciones infantiles están según F. García Lorca, embebidas en el "Romance de la luna luna".

"Federico y su mundo", pag. 423.

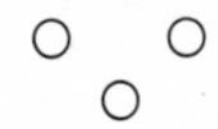

LA LUNA

I.- Doña Luna no ha salido.
Está jugando a la rueda
y ella misma se hace burla.
Luna lunera.

"Poemas Sueltos", O.C., pag. 605.

II.- La luna vino a la fragua
con su polisón de nardos.
El niño la mira mira.
El niño la está mirando.
....
Por el cielo va la luna
con un niño de la mano.

"Romancero Gitano", O.C., pag. 425.

☆ ☆
☆

LA LUNA

I.- Luna lunera
cascabelera,
debajo la cama
tienes la cena.
Luna lunera,
cascabelera,
los ojos azules,
la cara morena.

Popular en toda Andalucía.

II.- Madre Luna,
que estoy en tu luna,
Madre Sol,
Que estoy en tu sol.

Juego de Madreluna. Antas (Almería).

III.- "Se juega de noche en el campo o en la calle, siendo indispensable que haya luz de luna. Uno hace de luna y los otros de luceros. Estos se colocan en el lado de la luz, y la luna en la sombra, no pudiendo salir de ella. Llegan los luceros hasta el límite de la sombra, y desafían a la luna:

¡A la luna y al lucero:
si me pillas yo me quedo!"

Juego de la luna y los luceros.
Del libro "En busca del juego perdido".
Cuadernos de Adarra, n.º 9, pag. 156.

EL NIÑO ABANDONADO

I.- Daré todo a los demás
y lloraré mi pasión
como niño abandonado
en cuento que se borró.

"Canción menor". Libro de Poemas.
O.C., 1986. Tomo I, pag. 19.

EL NIÑO ABANDONADO

I.- Ese Cuento "que se borró", puede ser el tradicional y terrible cuento de "Mariquita y Periquito", a los que sus padres, como eran muy pobres, tuvieron que abandonar en el bosque "cuando fueron por leña".

Popular en Andalucía.

II.- Versión en Almodóvar, tomo I, pag. 249, n.º 45. "Los dos hermanos".

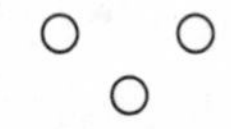

EL CONDE ARNALDO

I.- Como el buen conde Arnaldo
¿quién te olvidará?
También soñaba toda
la tierra de cristal.

"Poemas Sueltos".
O.C., 1986. Tomo I, pag. 619.

I.- Se trata del popular romance tradicional
del Infante Arnaldos:

¡Quién hubiera tal ventura
sobre las aguas del mar
como hubo el infante Arnaldos
la mañana de San Juan!

"Flor nueva de romances viejos".
R.M. Pidal, pag. 203.

EL CASTILLO DE IRÁS Y NO VOLVERÁS

I.- Al castillo de irás
y no volverás
se va por el camino
que comienza en el iris.

"Los ojos". Poemas Sueltos.
O.C., 1986, pag. 675. Tomo I

I.- Cuento tradicional popular en Andalucía. Una versión de este cuento, muy alterada, ha sido recogida por Almodóvar, ob. cit., tomo I, pag, 105.

II.- Hace Lorca alusión también al "camino que comienza en el iris", y varios cuentos infantiles cuentan que por "el arco iris" se va al país de los sueños.

CARACOL, COL, COL

I.- Caracol, col, col,
estate quieto.

"Caracol". Poemas Sueltos.
O.C., 1986. Tomo I, pag. 811.

II.- CABALLO BLANCO 1
Amor. Amar. Amor.
Amor del caracol, col, col,
que saca los cuernos al sol.
Amor. Amar. Amor.
....
CABALLO BLANCO 1
Amor. Amar. Amor.
Amor de Ginido con el cabrón,
y de la mula con el caracol, col, col,
que saca los cuernos al sol.

"El Público", O.C., 1986. Tomo II, pag. 631.

CARACOL, COL, COL

I.- Caracol, col, col,
saca los cuernos al sol,
que tu padre y tu madre
también los sacó.

Retahila infantil muy popular en Andalucía.

II.- Sal, caracol,
con los cuernos al sol.

"Vocabulario...", Correas, pag. 267.
(Margit Frenk, n.º 2080 A)

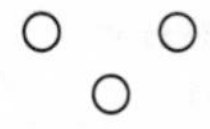

LA COMPARSA DE BOLERAS

I.- Yo vengo exánime.
Vengo de incógnito.
No tengo céntimo,
triste de mí.
Perdí la cátedra
de historia física,
hermosa sílfide,
por verte a tí.
Contemplo estático
tu rostro angélico.
Siento en el alma
dulce ilusión.
Y mi amor pérfido
botaba al chápiro
que es un malévolo
mi corazón.

"Los sueños de mi prima Aurelia".
O.C., 1986. Tomo II, pag. 1118.

LA COMPARSA DE BOLERAS

I.- En noche lóbrega
galán de incógnito
la calle céntrica
atravesó,
y bajo clásica
ventana gótica
templó su cítara
y así cantó:
—Niña purísima
de rostro angélico
que en tibias sábanas
durmiendo estás,
despierta y óyeme
que entre mis cánticos
suspiros lánguidos
encontrarás.
Cuando la sílfide
oyó este cántico
entre las sábanas
se arrebujó,
y dijo: ¡Cáscaras
a este gaznápiro
de amor platónico,
no le abro yo.

I.- Cantado por D.ª Luisa Pueo, Catedrática de Magisterio en Granada, a su hija, D.ª Mariluz Escribano, en los años cuarenta y tantos.

II.- Con ligeras variantes recogido por la autora en Almería.

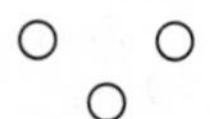

SANTA BÁRBARA

ADELA
Madre, ¿por qué cuando se corre una estrella o luce un relámpago se dice:

> Santa Bárbara bendita,
> que en el cielo estás escrita
> con papel y agua bendita?

"La casa de Bernarda Alba"
O.C., 1986, pag. 1049.

SANTA BÁRBARA

I.- Santa Bárbara bendita
que en el cielo estás escrita
con papel y agua bendita.

Retahila infantil popular en toda Andalucía.

YO COMO PALOMA, ME CORTO LA COLA

I.- Esmeraldita se ha muerto.
Estaba puesta en una sortija.
La sortija la gime y llora.
Por el aire del mundo viene una paloma.
Yo como paloma me corto la cola.
Yo como palomar me quiero derribar.
Volaban y volaban
para avisar al agua.
Vino corriendo el río
con levita de lirios.
NIÑO
Se ha muerto Esmeraldita.
La llora su sortija.
La paloma se corta la cola.
El palomar se quiere derrumbar.
Y yo como río me voy a secar.
La princesa venía
por las tristes orillas.
En los tallos de hierba,
Esmeraldita muerta.
AURELIA
Yo como princesa
me corto las trenzas.
NIÑO
Por la calle larga

la reina llegaba.
Por la calle estrecha
coronas de adelfa.
AURELIA
¡Ay pobre Esmeraldita!
La llora su sortija.
NIÑO
Yo como paloma
me corto la cola.
AURELIA
Yo como palomar
me quiero derrumbar.
NIÑO
Yo como río me quiero secar.
AURELIA
Yo como princesa
me corto las trenzas.
NIÑO
Y yo como reina
le pongo corona de adelfas.

"Los sueños de mi prima Aurelia"
O.C., 1986. Tomo II, pag. 1131.

Y YO COMO PALOMA ME CORTO LA COLA

I.- Érase que se era una hormiguita...
(La hormiguita se casa con Ratompérez, que se cayó a la olla y se ahogó).
...Salió al balcón a gemir y a llorar, y pasó por allí un pajarito que le dice:
—Hormiguita, ¿por qué lloras?
Entonces ella le contó lo que le había pasado. Y dice el otro:
—Pues yo, como buen pajarito, me corto el pico.
Y se fue volando y se encontró con la paloma.
Esta le dice:
—Pajarito, ¿por qué te has cortado el pico?
—Porque Ratompérez se ha caído en la olla y la hormiguita le gime y le llora...
Y dice la paloma:
—Pues yo, como buena paloma, me corto la cola.
Y se fue volando y llegó al palomar. Le pregunta el palomar:
—Paloma, ¿por qué te has cortado la cola?
—Porque Ratompérez se ha caído en la olla...
Y dice el palomar:
—Pues yo, como buen palomar, me voy a derribar.
Entonces la fuente, que estaba debajo, le dice:
—Pues yo, como buena fuente, dejo mi corriente.
....
Se fueron los niños para su casa y se encontraron con la reina
Entonces dice la reina:
—Pues yo, como buena reina, me quito la mantilla blanca y me pongo la negra.

En el cuento tradicional de la Hormiguita, o la Cucarachita, muy popular en Andalucía, y recogido por Almodóvar, “Cuentos al amor de la lumbre”, pag. 537. Tomo II.

ALTA VA LA GARZA

I.- Alta.
¡Mira cómo vuela la garza!
....

"A mi amiga María Teresa".
Otros poemas Sueltos.
O.C., 1986. Tomo I, pag. 1060.

ALTA VA LA GARZA

I.- Montesina era la garza
y de muy alto bolar:
no ay quien la pueda tomar.

"Cancionero", Juan del Encina, f. 95v.
M. Frenk, pag. 239.

II.- Altísima va la garça,
mas no falta quien la caça.

"Libro de poesía christiana...", Damián de Vegas.
Toledo, 1590, f. 440. M. Frenk, pag. 239

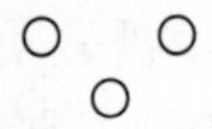

LAS CULEBRAS CANTAN...

I.- ¡Campanas de las torres
do-re-mi
doblar que te doblar!
do-re-fa.
Culebras de las fuentes
do-re-mi
¡cantar que te cantar!
do-re-fa.

"Memento". Poemas Sueltos.
O.C., 1986, pag. 756.

LAS CULEBRAS CANTAN

I.- Camina Don Bueso
....
que hace siete años
que pan no comía,
sino eran los berros
de una fuente fría
dó culebras cantan
caballos bebían.
Sino eran los berros
de unas aguas margas
dó caballo beben
y culebras cantan.

"Romance de Don Bueso".
Cancionero de la S.F., pag. 452.
N.º 0169 del C.G.R.

SEVILLA PARA HERIR

I.- Sevilla es una torre
llena de arqueros finos
Sevilla para herir.
Córdoba para morir.
....
¡Sevilla para herir!
....
¡Córdoba para morir!
....
Sevilla para herir.
¡Siempre Sevilla para herir!

"Sevilla". Poema del Cante Jondo.
pag. 181, O.C., 1986. Tomo I.

SEVILLA PARA HERIR

I.- Sevilla para el regalo,
Madrid para la nobleza,
para tropas Barcelona,
para jardines Valencia.

"Literatura de elogios".
El Folklore frexnense, pag. 61.

POR EL RÍO SE VAN MIS OJOS

I.- Por el río se van mis ojos,
por el río...
Por el río se va mi amor,
por el río...
....

"Corriente lenta" Carta a M. Fernández Almagro. O.C., 1986. Tomo III, pag. 714.

POR EL RÍO SE VAN MIS OJOS

I.- Por el río me llevad, amigo,
y llevadme por el río.

M. Frenk, pag. 212.

II.- Por la mar abajo
ban los mis ojos:
quiérome ir con ellos,
no baian solos

M. Frenk, pag.84.

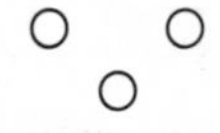

¿DÓNDE VAS, AMOR MÍO?

I.- ¿Dónde vas, niña mía,
de sol y nieve?

(Balada de un día de Julio), O.C., pag. 219.

II.- ¿Dónde vas, amor mío
amor mío,
con el aire en un vaso
y el mar en un vidrio?

(Así que pasen cinco años)
O.C/, pag. 1123.

¿DÓNDE VAS, AMOR MÍO?

I.- Trencilla y cordón,
cordón de Italia,
¿dónde vas, amor mío,
que yo no vaya.

("Folklore de Burgos", de Maestro F. Olmeda)

II.- La despedida es corta,
la ausencia es larga.
¿Dónde vas, amor mío,
que yo no vaya?
Que yo no vaya.
La vi llorando, ¡Ah!

Cancionero de la S.F., pag. 169.

III.- Acitrón,
tira del cordón;
si vas a la Italia.
¿Dónde irás, amor mío,
que yo no vaya?

Cancionero de la S.F., Canciones de Corro.
pag. 495.

EL ROMANCE DEL DUQUE DE ALBA

Lorca cita este Romance en una conferencia, “Cómo canta una ciudad de noviembre a noviembre”, dada por primera vez en la Sociedad de Amigos del Arte, en Buenos Aires, el día 26 de octubre del año 1933, y luego repetida en febrero de 1935 en Montevideo. La conferencia —como su título indica— no es sino una muestra evocadora de las canciones, juegos de niños, ambiente musical de la ciudad, que va acompañandos con sus melodías el paso lento de las estaciones, ajustandose de forma casi misteriosa a éstas. Y, ¿cuándo cantan los niños romances?

> “Es en verano —dice el poeta—, cuando el último fuego de artificioo se dispara y toda la ciudad se marcha al campo y dejan la ciudad entregada al estío. Es la época en que todo el Romancero se vuelca en boca de los niños. Aquí los ejemplos son inagotables. Vamos a escoger uno de ellos, que cantan los niños de algunos pueblos y las niñas de la Plaza Larga del Albaicín. En la noche de Agosto no hay quien no se deje prender por esta melodía tierna del romance del Duque de Alba”.

Suponemos que el poeta cantó el romance, y —como en la mayor parte de las canciones de la conferencia— no se preocupó de anotar la música ni la letra. La reconstrucción de estas letras se hizo —según nos cuenta Mario Hernández en nota a su edición de la obra de Francisco García Lorca “Federico y su mundo", pag. 482— con la inestimable ayuda de Isabel García Lorca y Laura de los Ríos, "a excepción del romance del Duque de Alba que no recordaban". Mario Hernández, para paliar el desconocimiento de la versión granadina que Lorca pudo utilizar, reproduce una versión no andaluza, que es sin embargo —dice M. Hernández— la más meridional de las hasta ahora conocidas y que está tomada del trabajo publicado por Jesús Antonio Cid: "Romances en Garganta de Oca. Materiales y notas de excursión", Revista de Dialectología y Tradiciones Populares, tomo XXX, 1974, pág. 492. Según el editor otras versiones de este raro romance son de procedencia asturiana, santanderina y cacereña.

ROMANCE DEL DUQUE DE ALBA

Se oyen voces, se oyen voces,
se oyen voces en Sevilla,
que el Duque de Alba se casa
con otra, y a ti te olvida.
—Si se casa, que se case,
¿a mí qué se me daría?
—Mira si te importa, hermana,
que tu honra está perdida.
Se subió a una habitación
donde bordaba y cosía,
se ha asomado a una ventana
que por la plaza caía,
ha visto venir al Duque
con otra en su compañía;
le hizo una contraseña
por ver si se la cogía.
—¿Qué me querrá Ana, Ana,
qué me querrá Ana María?
—Que me han dicho que te casas
con dama de gran valía.
¿Quién te ha dicho la verdad
que no te ha dicho mentira?
Mañana será mi boda,
a convidarte venía.
Al oír estas palabras,
muerta en el suelo caía.
Médicos y cirujanos
todos iban a porfía.
Trataron de abrirle el pecho
para ver de qué moría.
A un lado del corazón
dos letras de oro tenía;
en la una decía "Duque"
y en la otra "de mi vida".

Versión de Garganta de Oca.
Revista de Dialectología y Tradicciones Populares.
Tomo XXX, 1074, pag. 492.

—¿Dónde vas, Sofía del alma,
dónde vas, amiga mía?
—Que me han dicho que te casas
con otra, y a mí me olvidas.
—Si te han dicho que me caso
mentira no te dirían,
el domingo me amonesto
y a convidarme venía.
—Si el domingo te amonestas
vergüenza se me daría
y no la tendría yo,
que a la tuya boda iría.
Al decir estas palabras
muerta se cayó Sofía.
No se sentía más voz
que: ¡ay, Sofía de mi vida,
nunca me creía yo
que tú tanto me querías.
Nueve años guardó luto,
cosa que nadie lo haría,
al cumplir los nueve años
varias misas le ofrecía.

Versión de Haza Mora, cortijo de Albuñol (Granada).
Recogido por Elena Viñolo de una mujer de 60 años.

Tristes nuevas, tristes nuevas,
se cantaban en Sevilla,
se ha casado el Conde de Alba
con dama de gran valía.
Se metió para su cuarto,
donde rabiaba y corría,
sus blancas manos retuerce
y sus anillos rompía.
Vio venir al Conde de Alba
con otros en compañía.
—Conde de Alba, Conde de Alba,
Conde de Alba, mi vida,

que me han dicho que te casas
con dama de gran valía.
—¿Quién te lo ha venío a decir
que mentira no decía?
Mi boda será mañana,
Yo a convidarme venía.
Al oír estas palabras
cayó difunta la niña.
Llamaron cuatro mancebos
por ver de qué muerto había,
determinaron de abrirla
y tenía el corazón
lo de abajo para arriba.
Ay, qué malos son amores,
—pero yo no lo sabía—
que se vuelve el corazón
lo de abajo para arriba.

Versión del "Cancionero Salmantino"
del presbítero D. Dámaso Ledesma.

Federico de Onís, en su trabajo sobre el poeta: "García Lorca Folklorista", Revista Hipánica Moderna, N.Y., t. VI, 1940, pags. 369-371, nos informa de que "del Cancionero de Ledesma, de la provincia de Salamanca, sacó varias canciones que han llegado a popularizarse a través de su interpretación, entre ellas el romance de el "Conde de Alba".

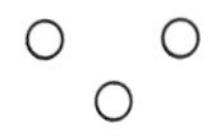

BIBLIOGRAFIA

GARCÍA LORCA, Federico. *Obras Completas.* Editorial Aguilar, Madrid, 1966.

GARCÍA LORCA, Federico. *Obras Completas.* Editorial Aguilar, Madrid, 1986. Tres tomos.

BRAVO VILLASANTE, Carmen. *Antología de la Literatura Infantil española.* Editorial Cincel. Madrid, 1966.

FRENK, Marrgit. *Corpus de la Antigua Lírica Popular Hispánica.* Editorial Castalia, Madrid, 1987.

PELEGRÍN, Ana. *La aventura de oír.* Editorial Cincel, Madrid, 1982.

PELEGRÍN, Ana. *Cada cual atienda a un juego.* Editorial Cincel, Madrid, 1984.

— *En busca del juego perdido. Cuadernos de Adarra Bizkaia oskus* n.º 9. Bilbao, Agosto 1980-Julio 1984.

GARCIA LORCA, Francisco. *Federico y su mundo.* Alianza Editorial, S.A. Madrid, 1980.

CASTRO GUISASOLA, Florentino. *Canciones y juegos de los niños de Almería.* Editorial Cajal, Almería, 1985.

— *El folklore frexneure y bético-extremeño.* Frejenal, 1883-1884. Edición facsímil de la Excma. Diputación Provincial de Badajoz y Fundación Antonio Machado. Badajoz-Sevilla, 1987.

ALCINA, Franch. *Romancero antiguo.* Editorial Juventud, Madrid 1969.

LEDESMA DAMARO. *Cancionero Salmantino.* Imp. Provincial. Salamanca, 1972.

PEDRELL, Felipe. *Cancionero Musical Popular Español.* Casa Editorial Boileau, Barcelona, 1958. Cuatro tomos.

TORNER, Eduardo. *Cancionero Musical de la Lírica popular asturiana.* Tip. Nieto y Compañía. Madrid, 1920.

OLMEDA, F. *Cancionero Popular de Burgos*. Escuela de Artes y Oficios Sevilla, 1903.
— *Primavera y flor de romances*. Segunda parte de la Primavera. Recopilados por F. de Segura. Zaragoza, 1629. Estudio de A. Rodríguez Moñino. Ed. Castalia, Madrid, 1972.
MENENDEZ PIDAL, Ramón. *Flor nueva de romances viejos*. Editorial Espasa Calpe, S.A. Madrid, 1973.
MARTÍNEZ NADAL, Rafael. *Cuatro lecciones sobre Federico García Lorca*. Editorial Cátedra, S.A. Madrid, 1980.
LEQUEUX, Paulette. *Juegos + de 1000, para todo lugar*. Ed. Reforma de la Escuela, S.A. Barcelona, 1979.
ALMODÓVAR, A.R. *Cuentos al amor de la lumbre*. Ed. Anaya, Madrid, 1986.
ECHEVARRÍA BRAVO, Pedro. *Cancionero Musical Manchego*. C.S.I.C. Madrid, 1951.
CELAYA, Gabriel. *La voz de los niños*. Ed. Laia, Barcelona, 1972.
GÓNGORA, Luis de. *Obras Completas*. Ed. Aguilar, Madrid, 1972.
— *Mil Canciones Españolas*, Publicaciones de la S.F. Editorial Almenara, Madrid. Primera Edición.

ÍNDICE GENERAL

Págs.

Págs.

ESTE LIBRO SE TERMINÓ DE IMPRIMIR EL VEINTINUEVE
DE SEPTIEMBRE DE MIL NOVECIENTOS NOVENTA,
DÍA DEL ARCÁNGEL SAN MIGUEL, CUANDO
LOS ARCES COMIENZAN A DESPRENDER
SUS HOJAS Y ALFOMBRAN DE AMARILLO
LOS SENDEROS DE LOS JARDINES